이토록
신기한 IT는
처음입니다

아날로그 인간도
재미있어하는
디지털 시대의 일상 속 IT

이토록
신기한 IT는
처음입니다

정철환 지음

전공자가 아닌 당신을 위한
퇴근길 디지털 교양 수업

경이로움

우리는 IT를 모르는 채 살 수 없습니다

제가 어렸을 적에 아버지가 사준 장난감이 하나 있었습니다. 천으로 된 주머니에 담긴 어른 주먹만 한 크기였으며 뒷면에 건전지를 넣고 앞면에 있는 동그란 작은 버튼을 누르면 아주 쾌활하게 웃는 남녀의 웃음소리가 나오는 장난감이었습니다. 그래서인지 장난감의 이름이 '행복한 커플'이었습니다. 어린 마음에 친구들에게 주머니를 보여주며 몰래 버튼을 눌러 친구들을 깜짝 놀라게 만드는 걸 재미있어 했던 기억이 있습니다. 그런데 이 웃음주머니는 건전지를 새것으로 갈아 넣으면 빠른 웃음소리를 냈는데 건전지가 오래되면 느린 웃음소리를 냈었지요.

어느 날인가 도대체 어떤 원리로 웃음소리가 나오는지 궁금해 장난감을 주머니에서 꺼내 뒷면의 나사를 풀고 분해했습니다. 열고 보니 간단한 구조였습니다. 지름이 10cm 정도 되는 플라스틱 원반이 있고 앞면에 스위치를 누르면 내부에 있는 모터가 작동되어 원반이 돌아가는 구조였습니다. 원반 표면에 새겨진 웃음 소리 홈을 바늘이 타고 움직이면서 웃음소리가 외부로 나오는 구조였습니다. 요즘 다시 인기가 부활한다는 아날로그 LP 레코드와 같은 원리이지요.

많은 분이 어렸을 때 주변에 있는 물건의 동작 원리가 궁금하여 뚜껑을 따고 분해를 하다가 부모님에게 혼난 기억이 있을 것입니다. 그렇습니다. 우리들은 궁금한 것은 못 참지요. 당시 기계들은 그래도 뚜껑을 따면 대충이라도 동작 원리를 이해할 수 있었습니다. 물론 물건만 망가뜨리는 경우도 있었지요.

2022년의 우리는 그 어린 시절보다 훨씬 더 신기한 물건들에 둘러 쌓여 살아가고 있습니다. 항상 손에 지니고 다니는 스마트폰은 워크맨부터 카메라, 계산기는 물론 내비게이션과 음성 인식 비서까지 들어 있습니다. 자동차는 스스로 운전하며 고속도로를 달려갑니다.

클라우드, 블록체인, 가상·증강현실, 메타버스, 드론 그리고 수천만 원의 가치를 가진다는 암호화폐와 NFT라는 디지털 자산까지 10년 전까지만 해도 알지 못했거나 알 필요도 없었던 기술들이 우리 삶에 중요하고 일상적으로 접하는 기술로 다가왔습니다.

그런데 이런 기술들의 공통점은 어렵기만 한 첨단 기술에 기반하고 있다는 것입니다. 그 첨단 기술은 소프트웨어와 인공지능 기술이지요. 스마트폰의 뒤쪽 뚜껑을 딴다고 해도 원리를 이해할 수 없습니다.

더구나 클라우드 서비스라는 것은 어디에 있는지도 모르는 컴퓨터 시스템에서 인터넷을 통해 서비스를 제공하는 형식이라고 하니 뚜껑을 따볼 수도 없습니다. 하지만 우리는 여전히 호기심을 가지고 있고 궁금한 것은 못 참는 사람들 아니겠습니까?

이 책은 그러한 여러분들을 대신해 우리 주변의 IT 기술에 기반한 서비스와 제품들의 뚜껑을 따고 속을 보여주며 원리를 설명해주는 것을 목표로 정리한 글들의 모음입니다. 우리가 물건의 뚜껑을 열고 원리를 이해하는 데 높은 수준의 지식이 필요하지는 않습니다. 그저 '아하, 이런 구조에 이런 원리로 동작을 하는 것이구나'라고 이해만 해도 궁금증을 풀고 뿌듯해 하며 다시 물건의 뚜껑을 덮습니다. 그리고 가끔씩은 뚜껑을 덮은 후 정상 동작을 하지 않아 혼나기도 했지요.

하지만 단순히 궁금증을 풀어드리는 것만이 이 책의 목표는 아닙니다. 이미 우리들은 IT 기술에 대한 이해와 지식이 없이는 살아가기 힘든 세상에 있습니다. 은행 업무는 물론 음식배달, 전염병 관리 대응, 쇼핑 등 생활의 필수 활동을 스마트폰의 다양한 앱을 통해 진행하고 있습니다. 미래 사회는 이런 경향이 더욱 더 강화될 것입니다. 메타버스는 경제, 문화, 교육 등에서 현실 세계를 넘어선 가상 세계로 우리를 이끌 것입니다. 이 책을 통해 이런 세상의 변화 속을 살아가는 우리들이 알아야 할 첨단 기술의 과거와 현재, 그리고 미래를 알 수 있길 바랍니다.

이 책을 출퇴근 시 지하철에서나, 여유 시간에 틈틈이 읽으면 우리 생활에 밀접하게 관여되고 있는 오늘의 IT 기술과 서비스에 대한 궁금증을 풀 수 있을 것입니다. 그리고 앞으로 펼쳐질 미래 사회에 대한 상상도 할 수 있을 것입니다. 어린 시절 궁금함을 못 참아 물건의 뒤 뚜껑을 따듯 미래 사회의 핵심이 될 다양한 IT 기술과 서비스의 뒤 뚜껑을 따보시기 바랍니다.

이 책이 발간되기까지 함께 노력해주신 출판사 관계자 여러분에게 감사드리며 이 책을 선택하신 독자분들에게도 깊은 감사를 드립니다.

정철환

차례

PART 1

새로운
금융과 화폐

주머니 속에
들어간 은행

우리는 은행이라고 하면 빌딩 1층의 널찍하고 근사한 사무실과 단정한 차림의 친절한 은행 직원들이 창구에서 반갑게 맞아주는 모습을 떠올립니다. 대부분의 은행은 사람들이 많이 다니는 번화가 요지에 위치하며 튼튼하고 커다란 금고와 철통같은 경비 시설이 있는 곳입니다. 그러나 스마트폰의 보급과 모바일 IT 기술의 발전에 따라 최근에 은행은 커다란 변화를 겪고 있습니다.

송금하러 은행에 갈 필요가 없고 신규 예금에 가입하거나 신용대출을 받는 것도 스마트폰만으로 처리할 수 있습니다. 그리고 새로운 계좌를 개설할 때도 은행에 방문할 필요가 없어졌습니다. 2016년에 설립된 카카오뱅크는 지점이 단 하나도 없는 순수한 인터넷 전문 은행일 뿐만 아니라 모든 은행 업무를 스마트폰만으로 처리가 가능한 모바일뱅킹Mobile banking입니다.

세상이 이렇게 변하다 보니 국민은행이나 우리은행처럼 오래전부터 우리 일상과 함께한 기존 금융권은 가만히 있을 수 없게 되었습니다. 서둘러 스마트폰을 이용한 은행 서비스를 더 많이 개발하고 편의성도 개선하고 있지요. 2019년 12월에는 표준화된 API Application Programming Interface 형태로 금융 서비스를 제공하는 오픈 API와 핀테크FinTech 서비스의 개발을 지원하는 테스트베드(개발자가 다양한 프로그램을 테스트할 수 있는 환경)를 제공해 은행 간 업무를 공통적으로 처리할 수 있는 **오픈뱅킹**Open banking 서비스가 시작되었습니다. 이전까지는 국민은행 계좌를 가진 사람은 국민은행 애플리케이션Application(이하 '앱')을 사용하고 우리은행 계좌를 가진 사람은 우리은행 앱을 사용해야 했습니다. 그런데 오픈뱅킹 서비스를 통해 하나의 앱으로 거의 모든 은행의 계좌를 조회할 수 있을 뿐만 아니라 송금까지도 가능해졌습니다. 자, 지금부터 주머니에 들어간 은행에 대해 좀 더 알아볼까요?

PC 뱅킹, 인터넷뱅킹, 모바일뱅킹

금융업, 그중 은행은 가장 보수적이고 변화를 좋아하지 않는 업종입니다. 은행의 역사는 기원전B.C. 2000년경 시작되었습니다. 정부

그림 1-1 은행의 채널별 서비스 이용 비중의 변화

입출금 및 자금이체 거래건수

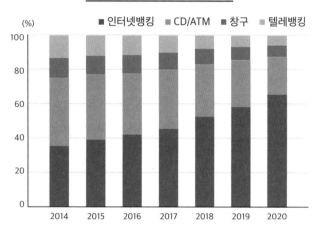

조회 서비스 이용건수

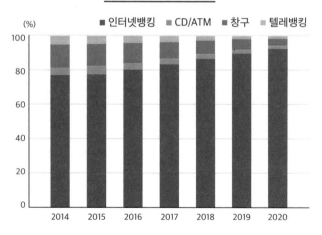

출처: 한국은행

가 보증하는 최초의 은행은 1157년 이탈리아의 베니스^{Venice}에 세워졌다고 합니다. 이렇게 역사가 오래된 업종인 은행에서 컴퓨터를 사용해 업무를 처리하기 시작한 건 그렇게 오래되지 않았습니다. 연세가 있으신 분께서는 입출금 내역을 손으로 쓴 수기 통장과 마감 시 계산을 위해 사용하던 주판을 기억하실 것입니다. 1970년대부터 은행 업무에 컴퓨터를 사용했고 1980년에 이르러서야 은행 창구에서 업무 마감 시 주판 대신 컴퓨터를 사용했습니다.

은행 업무에 컴퓨터가 도입된 후 1990년대 중반에 드디어 개인이 집에서 PC^{Personal computer}로 은행 업무를 처리할 수 있는 PC 뱅킹이 도입되었습니다. 그런데 당시에 PC 뱅킹은 전화선을 이용한 통신 장치인 모뎀으로 통신회사를 통해 은행에 PC를 연결해야 사용할 수 있는 방식이었습니다.

이후 인터넷이 등장하면서 PC에서 인터넷으로 은행의 시스템에 직접 접속해 은행 업무를 처리할 수 있는 방식으로 발전했습니다. 그리고 최근 10년 사이에 은행은 스마트폰의 대중화와 **모바일 뱅킹** 서비스의 등장으로 커다란 변화를 겪고 있습니다. 집에 있는 PC를 이용해 은행 업무를 볼 수 있던 시절에서 지금은 언제 어디서나 주머니 속의 스마트폰을 이용해 송금, 예금, 환전, 대출 등 거의 모든 은행 업무가 365일 가능한 세상이 되었습니다.

금융권의 차세대 프로젝트

오늘날 은행의 모든 업무 내용은 컴퓨터 시스템 속에 저장되어 있다고 해도 과언이 아닙니다. 만약 은행의 컴퓨터 시스템에 장애가 발생한다면 모든 은행 업무는 중단되고 말 것입니다. 그래서 은행들은 안정적인 시스템 운영을 위해 다양한 노력을 하고 있습니다. 그중 가장 중요한 것이 소위 **차세대 프로젝트**라고 하는 사업입니다. 앞에서 이야기한 것처럼 은행이 IT 기술의 발전에 따라 PC 뱅킹, 인터넷뱅킹, 모바일뱅킹 등으로 발전된 서비스를 제공하려면 사용하는 컴퓨터 시스템도 새로운 것으로 발전되어야 합니다.

그런데 금융업은 시스템의 안정성과 데이터의 신뢰성을 매우 중요하게 여깁니다. 만약 여러분의 계좌에 있던 예금이 어느 날 갑자기 사라진다면 어떻겠습니까? 또는 엄청난 금액이 자기도 모르는 사이에 입금되어 있다면 어떨까요? 따라서 은행에서는 새로운 IT 기술을 적용한 컴퓨터 시스템을 개발할 때 많은 비용과 오랜 시간을 투자합니다. 이런 일을 자주 할 수는 없지요. 그래서 은행은 IT 기술이 발전하면 일정 기간이 경과한 뒤 새로운 IT 기술을 기반으로 전체 시스템을 재개발하는 사업을 진행합니다. 이러한 시스템 개발 사업을 '차세대 프로젝트'라고 합니다.

최근 금융권의 차세대 프로젝트 중심은 역시 모바일입니다. 이제 더 이상 사람들이 금융 거래를 위해 PC를 사용하는 것보다 언제나 가지고 다니는 스마트폰을 사용하는 것을 선호하기 때문입니다. 그렇다면 스마트폰에서 안전한 금융 거래를 위해 필요한 IT 기술들은 무엇이 있을까요?

모바일뱅킹의 보안 체계

우리는 스마트폰에 많은 정보를 담고 다니며 다양한 앱을 사용합니다. 사용하는 앱 중에서 아마 우리가 보안에 대해 가장 많이 우려하는 앱이 뱅킹 앱 아닐까요? 만에 하나라도 나의 소중한 돈을 거래하는 앱이 해킹되어 계좌의 돈이 빠져나가는 것을 아무도 원치 않으니까요. 그렇다면 카카오뱅크나 다른 은행의 모바일 앱은 어떻게 우리의 정보와 계좌 내용을 안전하게 지킬 수 있을까요?

우선 스마트폰 자체에 보안 기능이 있습니다. 우리는 스마트폰을 사용할 때 잠금화면을 해제하도록 설정해놓습니다. 잠금화면을 해제하는 방식은 스마트폰 기종에 따라 다른데 대체로 다음과 같은 종류들이 있습니다.

암호 입력: 번호로 이루어진 암호를 입력해 잠금화면을 해제합니다. 암호가 외부에 유출되거나 쉽게 파악될 수 있다는 취약점이 있습니다.
패턴 입력: 안드로이드 폰에 주로 사용되는 기능으로 사용자가 지정한 패턴을 입력하면 잠금화면이 해제됩니다. 옆에서 지켜보는 사람이 쉽게 알 수 있다는 취약점이 있습니다.

생체 인식: 지문 또는 눈동자, 얼굴 인식과 같이 최근 대부분의 스마트폰이 제공하는 잠금화면 해제 기능입니다. 자신이 아니면 누구도 대신할 수 없어 가장 보안 수준이 높습니다.

이 중 하나의 방식으로 잠금화면을 해제하고 설치된 모바일뱅킹 앱을 실행하면 앱 자체가 2차 사용자 인증을 수행합니다. 이전까지는 은행 앱에 로그인하려면 반드시 스마트폰에 저장해놓은 자신의 **공인인증서**로 인증을 하거나 일회용 암호 발생기인 **OTP**One Time Password 장치를 이용해야 했습니다. 그러나 스마트폰이 생체 인식 기능을 제공한 후부터 대부분의 모바일뱅킹 앱은 생체 인식으로 사용자 인증을 진행합니다. 로그인 후에 일정 금액 이상을 송금하거나 계좌를 해지하는 경우에는 **2중 인증 방식**(별도의 암호 지정)으로 인증을 요청하기도 합니다.

공인인증서, OTP, 생체 인증

공인인증서는 2001년에 대한민국의 「전자정부법」에 따라 탄생한 사용자 인증 방식으로 국가기관 또는 금융기관에서 발급하며 다양한 온라인 서비스 사용 시 본인 확인 수단으로 사용되는 일종의 신분증입니다. 인증서 발급기관으로부터 사용자 신원 확인 후

발급받아 사용하는데, 발급 시 자신이 정한 암호를 기반으로 본인 인증이 가능합니다. 따라서 다른 사람에게 암호가 알려질 경우 문제가 될 수 있습니다.

공인인증서를 이용한 인증 시 특정 기관과 연결해야 합니다. 이를 위해 요구되는 보안 프로그램을 별도로 설치해야 하며, 만약 발급받은 인증서의 보안 프로그램을 컴퓨터의 내장 하드디스크나 USB 메모리에 복사해 가지고 다니지 않으면 인증서를 사용할 수 없습니다. 그래서 많은 사람에게 불편하다는 평가를 오랫동안 받아온 방식입니다. 결국 2020년 12월 10일에 「전자서명법」 개정에 따라 유일한 법적 인증수단이라는 지위가 폐지되었습니다.

OTP는 공인인증서와 달리 전 세계의 여러 나라에서 사용하는 본인 인증 방법입니다. 별도의 장치를 개인별로 지급한 후 사용자가 장치에 달린 버튼을 누르면 본인 인증이 가능한 6자리 숫자를 받는 방식입니다. OTP가 나오기 전까지는 제한된 개수의 패스워드 중 하나를 선택하는 방식으로 보안카드를 사용했는데 카드 내용이 유출될 경우 보안에 문제가 되는 약점이 있었습니다.

OTP는 버튼을 누를 때마다 장치에 다른 숫자가 표시됩니다. OTP의 숫자 생성 원리는 버튼을 누른 날짜와 시간을 기반으로 해서 기계마다 가지는 고유의 숫자 생성 방식으로 6자리 숫자를 만듭니다. OTP 기기 뒷면의 일련번호가 이 기기의 숫자를 만드는 방식을 나타내기 때문에 OTP를 사용하려면 먼저 반드시 거래하는 금융기관에 자신의 OTP 뒷면 번호를 등록해야 합니다. OTP

인증 방식은 기기에 생성된 숫자와 그때의 날짜 및 시간을 기준으로 OTP 뒷면 일련번호의 숫자 생성 방식을 통해 금융기관에서 생성한 숫자를 비교하는 것입니다. 두 숫자가 일치한다면 본인 인증이 이루어진 셈입니다. 지금은 별도의 기기가 아닌 스마트폰의 앱이 같은 기능을 수행하기도 합니다.

최근 본인 인증은 대부분 생체 인증 방식으로 이루어집니다. 스마트폰이 다양한 생체 인증 기술을 제공하기 때문입니다. 가장 기본적인 생체 인증 방식은 사람마다 가지고 있는 고유의 지문을 활용합니다. 동일한 지문이 있을 확률은 1/870억이기 때문에 가장 편리하고 안전한 인증 방식입니다. 하지만 인증 시 반드시 손가락을 접촉해야 하기에 불편할 때도 있습니다. 그래서 최근에는 개인의 얼굴을 인식하는 방식도 등장했습니다만 가장 안전한 방식은 지문 인식 방식입니다. 그 외 생체 인식 방식에는 **눈동자 홍채 인식, 손등 및 손바닥 정맥 인식, 망막 핏줄 인식** 등이 있습니다.

방식은 여러 가지이나 생체 인식은 기본적으로 사람마다 다른 모습의 요소에 대해 컴퓨터 프로그램의 이미지 처리로 차이점을 비교하는 방식입니다. 다른 방식으로는 전통적인 개인 인증 방식이었던 서명과 같이 개인의 행동 특성에 기반한 인식 방법도 있습니다. 예를 들어 마우스의 움직임, 키보드의 입력 시 고유의 리듬, 터치스크린에서의 움직임 등에서 개인별 특성을 판별하는 방식이 있습니다. 그러나 학습이 충분하지 못한 경우 정확도가 보장되지 않아 널리 사용되고 있지 않습니다.

편리한 오픈뱅킹 서비스

예전에는 사용자가 인터넷뱅킹을 사용하려면 자신이 거래하는 은행 전용 인터넷뱅킹 앱을 개별적으로 설치해야 했습니다. 세 군데의 은행에 통장을 가지고 있다면 은행마다 전용 앱을 설치해야 예금 조회나 송금이 가능했습니다.

그런데 2019년에 오픈뱅킹이 등장하면서 하나의 모바일 앱에서 내가 가진 모든 은행의 통장 잔액을 조회하고 송금도 할 수 있게 되었습니다.

이전에는 은행마다 고유의 시스템이 구성되어 있어 다른 은행 끼리 사용자의 정보를 쉽게 주고받을 수가 없었습니다. 하지만 오

그림 1-2 오픈뱅킹 서비스 구조

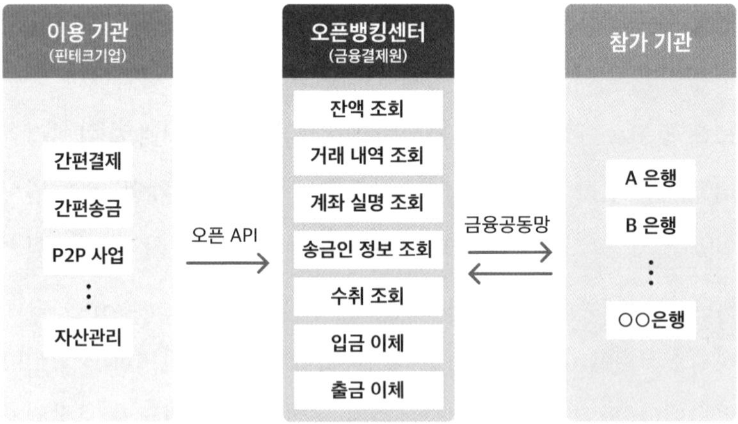

이용 기관 (핀테크기업)		오픈뱅킹센터 (금융결제원)		참가 기관
간편결제 간편송금 P2P 사업 ⋮ 자산관리	오픈 API →	잔액 조회 거래 내역 조회 계좌 실명 조회 송금인 정보 조회 수취 조회 입금 이체 출금 이체	금융공동망 ⇄	A 은행 B 은행 ⋮ ○○은행

출처: openbanking.or.kr

픈뱅킹은 그림 1-2처럼 금융결제원의 시스템이 각 은행 시스템 사이의 연결 역할을 해주기 때문에 사용자는 오픈뱅킹을 지원하는 앱을 통해 모든 은행의 계좌 조회, 송금, 입출금을 할 수 있게 되었습니다.

더구나 이전에는 수수료가 부과되던 서비스를 무료로 사용할 수 있습니다. 이러한 편의성 개선이 가능한 이유는 오픈 표준 API 방식을 사용하기 때문입니다. API란 각기 다른 정보시스템 사이에서 데이터를 주고받거나 서비스를 제공하기 위해 외부에 공개한 호출 방식입니다. 이전까지는 은행마다 고유의 API를 사용하고 있었으나, 오픈뱅킹에서는 다른 은행과 통합한 서비스를 제공하기

그림 1-3 오픈 API 서비스 종류

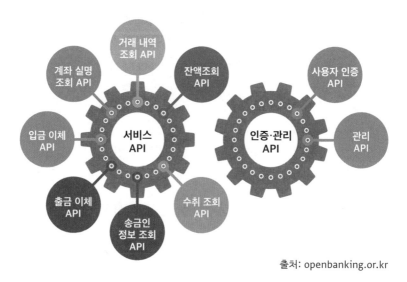

출처: openbanking.or.kr

위해 표준화한 공통 API를 규정하고 은행들이 해당 API를 사용해 서비스를 제공하도록 했습니다.

은행의 미래

모바일뱅킹은 은행들이 미래의 사활을 걸고 노력하고 있는 분야입니다. 1997년 12월에 대한민국이 IMF 금융 위기를 겪은 시절, 제일은행이 대규모의 구조조정을 시행했는데 이때 퇴직하는 은행원들이 찍은 비디오 영상은 당시 '눈물의 비디오'라는 이름으로 커다란 화제가 되었습니다.

하지만 지금은 은행원들을 직접 보지 않아도 은행 서비스를 받을 수 있습니다. 대표적으로 지점을 하나도 가지고 있지 않은 카카오뱅크가 등장했습니다. 그리고 평소 은행에 직접 찾아갈 일이 거의 없어졌습니다. 그래서 은행을 가도 사람이 별로 없습니다. 과연 은행의 미래는 어떻게 될까요?

빠르게 발전하는 IT 기술과 모바일 기기에 익숙한 세대의 확산 그리고 인공지능의 발전은 은행의 모습을 변화시킬 것입니다. 은행에서 고객을 응대하는 직원의 수는 지속해서 줄어갈 것입니다. 뉴질랜드의 ANZ 은행은 온라인에서 고객 서비스를 담당하는 '제이미'Jamie'라는 이름의 가상 인물을 고용했습니다. 컴퓨터 이미지로 만들어진 가상 직원이 온라인 고객을 응대하는 것입니다. 우리나라에서는 신한은행 광고에서 가상 인물을 등장시켰습니다.

또한 인공지능과 머신러닝 기술의 발전으로 다양한 금융 서비스가 등장할 것입니다. 그리고 은행 거래에서 발생할 수 있는 사기, 피싱, 해킹 등에 대한 안전성이 강화될 것입니다. 인공지능 기술을 이용해 고객의 예금을 관리하고, 새로운 상품을 제안하고, 거래 내역을 추적하고, 이상 거래 징후를 포착해 고객에게 알려 위험을 예방하는 기술들은 이미 은행에서 사용하고 있습니다.

우리는 이제 은행 건물 내에서 이루어지던 서비스의 거의 모든 것을 언제, 어디서나 제공할 수 있는 은행 지점을 주머니 속의 스마트폰에 넣고 다니는 셈입니다. 그리고 은행뿐만 아니라 증권사, 신용카드사 등도 이러한 모바일 기술의 발전에 따라 스마트폰을 중심으로 서비스를 제공하는 방식으로 바뀌고 있고 다양한 새로운 서비스를 제공할 것입니다.

핀테크란 무엇인가

핀테크란, **금융**Finance과 **기술**Technology을 합성한 말입니다. 모바일과 IT 기술이 발전하면서 IT 기술을 기반으로 한 신생 기업이 금융 분야에 진출해 새로운 앱을 통해 혁신적인 금융 서비스나 상품을 제공하는 것을 핀테크라고 합니다. 예를 들면 카카오뱅크가 있습니다. 카카오뱅크에서 예금에 가입하면 이자가 늘어나는 것을 실시간으로 확인할 수 있고 계좌에 있는 금액 중 일부를 금리가 높은 세이프박스에 넣거나 뺄 수 있습니다. 이런 서비스는 기존 은행에서 하지 못하던 것들입니다. 카카오뱅크와 같은 핀테크 은행을 새로운 개념의 은행이라는 뜻에서 **네오뱅크**Neobank라고 부르기도 합니다.

또한 구글이나 애플 같은 빅테크 기업에서 직접 금융 서비스를 제공하는 경우도 있습니다. 기존 신용카드 회사들이 독점하던 결제 서비스처럼 스마트폰을 이용한 간편 결제 서비스를 애플 페이Apple Pay나 구글 월렛Google Wallet이라는 이름으로 제공합니다. 국내 포털 업체들도 이런 서비스를 제공하고 있습니다. 세계적으로는 페이팔PayPal의 벤모Venmo라는 서비스가 인기를 끌고 있습니다.

새로운 아이디어나 제품에 관한 계획안을 인터넷상에 올린 뒤 여러 투자자로부터 먼저 투자받는 **크라우드 펀딩**Crowdfunding도 새로운 핀테크 중 하나입니다. 최초의 크라우드 펀딩 웹 사이트는 인디고고(indiegogo.com)이며, 킥스타터(kickstarter.com)도 유명한 사이트입니다. 대한민국에는 와디즈(wadiz.kr)가 있습니다.

최근에는 자산 투자 및 관리 분야에도 기존의 증권사나 투자사보다 좋은 서비스를 제공하는 핀테크 기업들이 등장했습니다. 세계적으로 가장 유명한 회사는 로빈후드Robinhood입니다. 2013년에 설립된 회사로 미국에서 청소년의 주식투자 중독 문제를 일으킬 만큼 인기를 끌었습니다. 우리나라에서는 토스Toss가 비슷한 서비스를 제공하고 있습니다.

핀테크 기업들은 앞으로 기존 금융 기업들에게 커다란 위협이 될 것입니다. 그래서 기존 금융 기업들도 앞다투어 새로운 디지털 기술을 개발하며 모바일 환경에 진출하고 있습니다. 결과적으로 우리는 점점 더 편리하게 금융 서비스를 이용할 수 있을 것입니다.

비트코인과
블록체인

몇 년 전 세상을 뜨겁게 달구었던 **비트코인**Bitcoin이라고 들어본 적 있습니까? 모르는 분들도 있겠지만 아마 대부분 들어본 적이 있거나 심지어 직접 투자를 해본 경험이 있을 것입니다. '무엇인지 자세히 모르겠지만 가격이 엄청나게 올랐고 초기 비트코인에 투자한 사람은 상당한 돈을 벌었다'라는 이야기를 듣고 관심을 가졌을 것입니다. 그리고 앞으로도 계속 가격이 오를 것이라는 예측을 듣고 직접 투자를 한 분도 있을 것이고요. 동시에 **블록체인**Blockchain도 들어보았을 것입니다. TV에 전문가들이 나와서 비트코인과 블록체인은 다른 것이고, 비트코인은 거품이지만 블록체인 기술은 유망한 미래 기술이라고 이야기하는 것도 들어보았을 것입니다. 도대체 비트코인이 무엇이고 블록체인은 어떤 기술일까요? 이 장에서는 비트코인과 블록체인에 대해 알아볼까요?

비트코인에 대한 재미있는 이야기

비트코인은 2009년 1월 3일에 수수께끼의 인물인 **사토시 나카모토**Satoshi Nakamoto가 처음으로 자신이 만든 블록체인을 등록하면서 시작되었습니다. 당시에는 비트코인이 블록체인이라는 새로운 IT 기술을 활용하는 하나의 사례였다고 합니다. 블록체인의 핵심 요소인 분산원장Distributed ledger과 탈중앙관리 방식의 활용 사례를 들어 데이터의 해킹이 불가능하다는 사실을 입증하기 위해서였습니다. 데이터 암호화 기술 중 하나인 해시 함수 기반의 SHA-256이라는 암호 기술을 기반으로 블록체인이 관리되기 때문에 비트코인을 다른 말로 암호화폐라고 부릅니다.

현재까지 알려진 비트코인을 화폐로 사용한 첫 거래는 2010년 5월 22일에 미국의 프로그래머인 라스즐로 핸예츠Laszlo Hanyecz가 파파존스 피자 2판을 사기 위해 1만 비트코인을 지불한 것이라고 합니다. 당시 피자 2판의 가격은 40달러였습니다. 현재 비트코인 하나가 수천만 원대에 거래되고 있는 것을 생각하면 세상에서 가장 비싼 피자가 되는 셈이네요.

비트코인의 가격은 시간이 지나면서 큰 변화를 겪었습니다. 최

그림 1-4 비트코인 가격의 변화

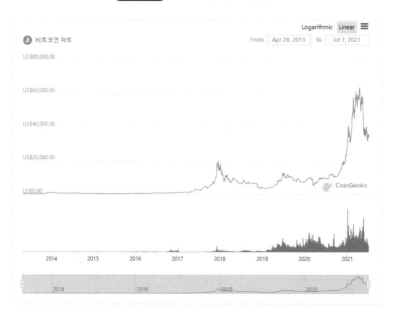

출처: coingecko.com

고가는 2021년 4월에 기록한 6만 4,804달러였습니다. 비트코인의 인기에 편승해 등장한 신규 암호화폐 중 거래소에서 거래되는 암호화폐의 종류만 1만 2,918가지이며 총 합산 가치는 1조 181억 달러에 달합니다(2022년 9월 3일 기준).

일단 여기까지의 설명에서도 이해하기 어려운 말이 많이 나옵니다. 좀 더 쉽게 풀어서 설명해보겠습니다. 비트코인은 이름처럼 실제 존재하는 동전이 아니라 컴퓨터상에 있는 데이터입니다. 그리고 이 데이터가 블록체인에 기록된 것입니다. 우리가 사용하는 일반적인 돈(다른 말로 명목화폐라고 합니다. 정부가 가치를 보증하는 화폐라는 의미입니다)과 비교하면 내가 가지고 있는 은행 계좌가 블록체인에 해당하며 계좌에 기록된 잔액이 내가 가지고 있는 비트코인에 해당합니다.

내가 물건을 구입하고 금액을 지불하는 과정에서 일반적인 돈을 주고받는 경우가 아니라 상대방에게 계좌 이체해주는 경우가 블록체인을 통한 비트코인 거래에 해당합니다. 내가 물건값을 이체했다는 내역은, 나와 상대방의 계좌 정보에 기록되며 이 모든 기록은 은행이 책임지고 관리합니다. 그런데 블록체인은 은행과 같이 중앙에서 관리하는 주체가 있는 것이 아닙니다. 비트코인을 거래한 정보들이 전 세계 모든 컴퓨터에 저장된 블록체인에 기록되어 관리됩니다. 이렇게 수많은 컴퓨터에 복제되어 관리되기 때문에 분산원장이라고 합니다.

그렇다면 누구나 잔액을 조작할 수 있지 않을까요? 이를 방지하는 기술이 암호화 기술과 분산 복제 기술로 구성된 블록체인입니다. 비트코인의 가격은 왜 오를까요? 비트코인의 전체 코인 수는 제한되어 있습니다. 그런데 많은 사람이 구입하려고 하면서 가격이 오르는 것입니다. 그래서 사실 비트코인은 화폐라기보다는 디지털 기반의 투자 자산에 가까운 것입니다.

사람들의 수요가 비트코인으로 몰리자 비판의 목소리도 나왔습니다. 비트코인 거래의 기반인 블록체인 기술을 활용하기 위해서는 컴퓨터의 계산을 많이 요구합니다. 2018년 기준으로 비트코인 네트워크에서 하나의 거래를 처리하는 데 소모되는 전기량은 미국 가정 25가구에서 하루 동안 사용하는 전기의 총량과 같습니다. 따라서 비트코인의 문제점 중 하나로 지구 환경에 나쁜 영향을 준다는 지적이 있습니다.

비트코인이 진짜 화폐인가 아닌가 하는 논쟁은 별 의미가 없습니다. 실제 거래에 사용되는 경우는 PC의 랜섬웨어Ransomeware(PC의 자료를 무단으로 모두 암호화한 뒤 이를 풀어주는 조건으로 돈을 요구하는 소프트웨어) 악성코드로 인한 피해를 복구해주는 비용으로 비트코인을 지불하는 것이 대표적이라 할 만큼 비트코인이 실생활에서 화폐로 사용되지 않습니다. 엄청난 시세 변동으로 인한 수익을 목적으로 하는 투자(혹은 투기)의 대상일 뿐입니다.

블록체인 기술은 무엇인가

무섭게 치솟은 비트코인 가격과 이를 팔아서 부자가 되었다는 이야기가 더 관심을 끌지는 모르겠지만 사실 IT 업계에서는 비트코인 자체보다는 비트코인의 거래 인증 및 관리 수단인 블록체인에 더 관심이 많습니다. 그렇다면 비트코인의 블록체인이란 어떤 기술일까요?

블록체인의 핵심 요소는 정보의 분산 관리와 거래 데이터의 중복성입니다. 이를 **분산원장**이라고 합니다. 기존 은행의 금융 정보

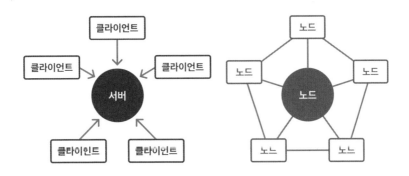

그림 1-5 중앙집중 방식(좌)과 분산 방식(우)의 비교

출처: Eric Redmond, 『Deep Tech』, 2021

나 정부기관의 주민 정보는 보안이 철저하고 관리가 잘되는 중앙 컴퓨터 시스템에 모아서 관리됩니다. 따라서 정보에 접근하려면 인증을 거쳐 중앙 서버에 접속해야 합니다. 그런데 중앙 서버는 관리 권한을 가진 사람이라면 마음대로 접속할 수 있습니다. 또한 뛰어난 해커라면 중앙 서버에 침투해 데이터를 조작할 수도 있습니다.

블록체인은 이러한 중앙관리 방식이 아니라 분산되고 중복된 데이터를 블록체인에 참여하는 모든 컴퓨터에 복사 및 저장해 분산시켜놓은 것입니다. 따라서 누군가가 어떤 정보를 조작하려면 모든 컴퓨터에 있는 해당 정보를 다 조작해야 합니다. 한 사람이 모든 컴퓨터를 관리할 수 없기에 중앙에서의 통제도 불가능합니다. 추가로 누군가 데이터를 조작하려고 할 때 이를 바로 알 수 있도록 각 컴퓨터의 정보를 최초의 거래 정보에서부터 가장 최신의 거래 정보까지 일렬로 연결한 사슬Chain 형태의 구조입니다. 블록체인의 사슬 형태는 대략 그림 1-6과 같은 모습을 하고 있습니다.

블록헤더Block header라는 영역에는 각 블록의 이전 블록 주소와 자신의 블록 주소가 해시값으로 기록되어 있고 해당 블록을 채굴해 비트코인을 받은 사람(또는 컴퓨터)이 알아낸 **논스**Nonce값이 기록되어 있습니다. 비트코인의 채굴과 논스값에 대해서는 뒤에서 알아보도록 하겠습니다. 그리고 **트랜잭션**Transaction(거래 내역) 영역에는 이 블록이 생성될 당시 거래된 비트코인의 거래 내역이 기록되어 있습니다. 이런 블록이 그림 1-6에서 아래 그림과 같이 서로 한 줄로 연결된 것이 블록체인입니다.

그림 1-6은 2009년 1월 3일에 사토시에 의해 처음으로 생성된 블록(이를 제네시스 블록이라고 부르기도 합니다) 이후 55만 125번째 블록과 55만 126번째 블록을 그림으로 표현한 것입니다. 여기에서 가장 중요한 요소가 해시Hash인데 그렇다면 해시란 무엇일까요?

해시 함수 Hash function란 컴퓨터의 데이터 암호화 기술에서 많이 사용하는 것으로, 입력되는 데이터를 전혀 다른 내용의 데이터로 1:1 변환을 해주는 함수입니다. 이때 중요한 것이 두 가지 있습니다. 우선 입력값과 해시 결과로 생성된 해시값은 거의 완벽한 1:1 대응을 한다는 점입니다. 즉 입력값이 다른데 결과 해시값이 같거나 또는 그 반대의 경우가 거의 존재하지 않습니다. 그리고 해시값만 알

그림 1-6 블록체인 하나의 모습(상)과 연결된 모습(하)

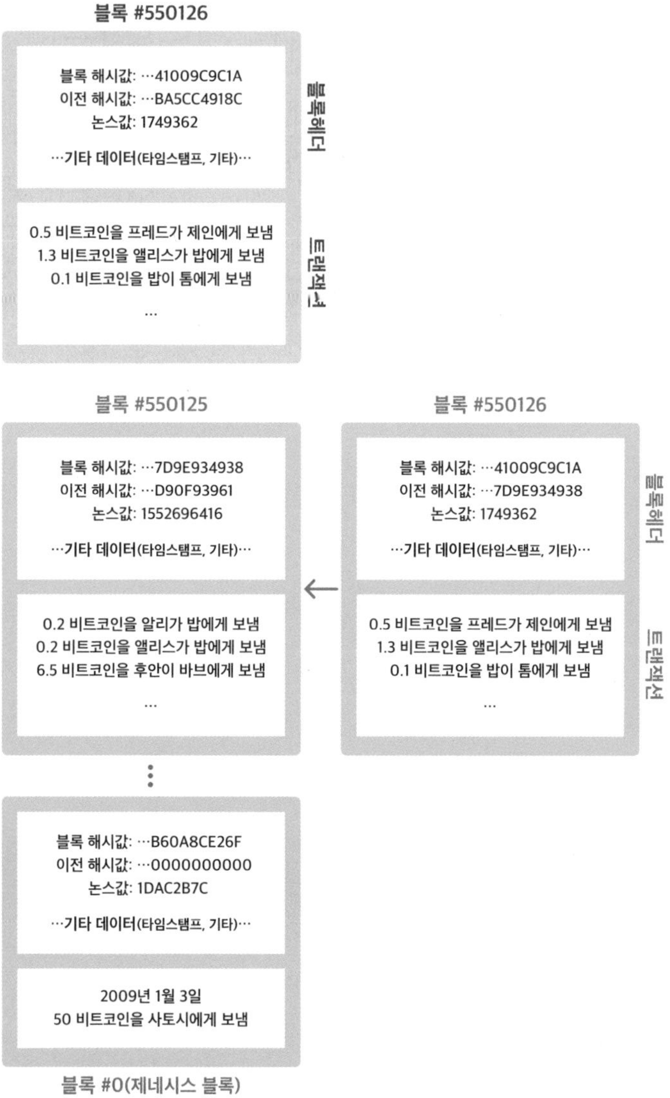

블록 #550126

블록 해시값: ···41009C9C1A
이전 해시값: ···BA5CC4918C
논스값: 1749362

···기타 데이터(타임스탬프, 기타)···

0.5 비트코인을 프레드가 제인에게 보냄
1.3 비트코인을 앨리스가 밥에게 보냄
0.1 비트코인을 밥이 톰에게 보냄
···

블록헤더
트랜잭션

블록 #550125

블록 해시값: ···7D9E934938
이전 해시값: ···D90F93961
논스값: 1552696416

···기타 데이터(타임스탬프, 기타)···

0.2 비트코인을 알리가 밥에게 보냄
0.2 비트코인을 앨리스가 밥에게 보냄
6.5 비트코인을 후안이 바브에게 보냄
···

블록 #550126

블록 해시값: ···41009C9C1A
이전 해시값: ···7D9E934938
논스값: 1749362

···기타 데이터(타임스탬프, 기타)···

0.5 비트코인을 프레드가 제인에게 보냄
1.3 비트코인을 앨리스가 밥에게 보냄
0.1 비트코인을 밥이 톰에게 보냄
···

블록헤더
트랜잭션

블록 해시값: ···B60A8CE26F
이전 해시값: ···0000000000
논스값: 1DAC2B7C

···기타 데이터(타임스탬프, 기타)···

2009년 1월 3일
50 비트코인을 사토시에게 보냄

블록 #0(제네시스 블록)

출처: Eric Redmond, 『Deep Tech』, 2021

그림 1-7 해시 함수의 입력과 출력

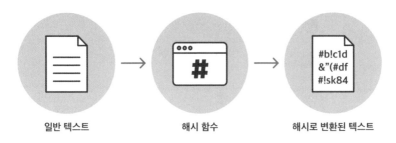

| 일반 텍스트 | 해시 함수 | 해시로 변환된 텍스트 |

출처: Eric Redmond, 『Deep Tech』, 2021

고 있는 상황에서 이 값에 1:1로 대응하는 입력값을 역으로 알아 내는 것은 현재의 IT 기술로는 불가능에 가깝습니다.

이런 중요한 두 가지 해시 함수의 특징을 기반으로 블록체인은 체인에 연결된 모든 데이터가 변조되지 않았음을 증명하며 누구라도 새로운 블록을 생성해 블록체인에 등록하고 보상으로 비트코인을 받아 갈 기회를 제공하고 있습니다. 이를 **비트코인 채굴** Mining이라고 합니다.

블록체인의 데이터는 안전한가요?

블록체인의 강점은 데이터를 중앙에서 관리하지 않아도 더 안전하게 보존할 수 있는 것입니다. 만약 어떤 사람이 비트코인을 A에게 이전했는데 그 기록이 사라지면 어떻게 될까요? A는 자신이 비트코인을 정당하게 받았다는 것을 증명할 수가 없습니다. 또 반대로 비트코인을 주지도 않았으면서 데이터를 위조해 비트코인을 준 것처럼 기록에 남겨도 문제가 됩니다. 이런 블록체인에서 이루어지는 비트코인 거래 정보를 안전하게 지켜주는 핵심이 해시값과 해시 함수입니다. 블록체인은 SHA-256이라는 해시 함수를 사용합니다. 그러면 어떻게 해시값으로 블록체인에서 발생하는 데이터 변조를 막을 수 있을까요?

블록체인의 모습을 보면 자신의 블록 해시값과 이전 블록의 해시값이 헤더에 포함되어 있습니다. 자신의 해시값은 비트코인의 해시 함수인 SHA-256에 이전 블록의 해시값, 블록 내의 비트코인 트랜잭션 내용, 그리고 블록에 기록된 논스값을 입력해 생성한 것입니다. 따라서 세 가지 정보 중에 한 글자라도 바꾸면 자신 블록의 해시값이 변하게 됩니다. 그러면 변한 해시값은 세계 곳곳에 있는 컴퓨터상에 분산 및 복제되어 존재하는 블록체인 정보와 다를 것입니다. 데이터가 조작되었다는 사실이 세계 곳곳의 컴퓨터에 알려지게 됩니다. 상세한 설명은 뒤에 다루었습니다.

블록체인은 어디에 사용할 수 있는가?

블록체인의 분산원장과 탈중앙관리 데이터의 안정성 등의 특징을 암호화폐가 아닌 다른 영역에 사용하려는 아이디어가 많이 있습니다. 우선 거래 기록의 관리를 위해 금융 분야에서 사용할 수 있습니다. 특히 중앙은행이 발달하지 않은 개발도상국에서 더 활용 가치가 있습니다.

그리고 물류, 제조, 유통 분야에서 제품의 이력 관리나 유통 추적 등을 위한 정보 제공으로 사용할 수도 있으며 공공 분야에서 여론조사나 선거 등에 활용할 수 있습니다. 최근에는 블록체인 기술을 응용해 창작 분야에서 저작권 관리 및 유통을 위한 플랫폼으로 활용하는 방안도 제안되고 있습니다.

그리고 비트코인과 블록체인을 단순한 거래 기록 보관 용도가 아닌 좀 더 다양한 용도로 블록체인을 사용하기 위한 목적으로 이더리움Ethereum 블록체인과 토큰Token 그리고 스마트 콘트랙트Smart contract라는 개념도 등장했습니다. 이 개념은 미래 인터넷이라 불리는 웹3Web3 안의 다양한 분야에서 인증과 신뢰성 제공을 위한 표준 인프라로 만들고자 하는 노력의 결과물입니다. 향후 더 많은 분야에서 블록체인 기술을 활용하려는 시도가 있을 것입니다. 다만 제약 조건이 있어 기존의 중앙관리 체계를 완전히 대체할 수는 없을 것입니다.

비트코인 채굴은
어떻게 하는 것일까

비트코인은 블록체인으로 모든 거래 내역을 기록하고 저장합니다. 블록체인은 2009년 1월 3일에 최초로 블록이 생성된 이후 지금까지의 모든 거래 내역을 서로 연결하고 있습니다. 블록체인은 각각의 비트코인 거래 내역을 포함하는 정보를 가지고 있습니다.

채굴 과정을 살펴보면, 먼저 PC에서 채굴 프로그램을 수행해서 블록체인의 가장 최근에 생성된 블록에 저장된 비트코인 거래 기록과 이후의 새로운 거래 기록을 모아서 새로운 블록을 만듭니다. 그리고 가장 마지막 블록의 해시값과 추가하려고 하는 새로운 블록의 거래 내역 정보, 그리고 논스라는 임의의 수를 추가해 SHA-256 해시값을 구하는 것입니다. 이때 제약 조건이 있는데, 생성된 해시값의 앞자리에 있는 0의 개수가 일정 개수 이상을 가진 값이어야 합니다. 이 0의 개수는 비트코인 생성 초기 이후 지속적으로 증가하고 있습니다. 0의 개수가 늘어날수록 임의의 논스값으로 생성한 해시값이 조건에 일치하는 확률이 떨어집니다. 현재의 기준은 앞에 0이 17개가 연속으로 나오는 해시값이어야 한다고 합니다.

예를 들면 그림 1-8의 경우 채굴 PC에서 임의의 논스값(예시에는 논스값이 1이라고 가정)을 추가해 생성한 해시값이 앞에 0이 3개만 나오는 수라면 채굴에 실패한 것입니다.

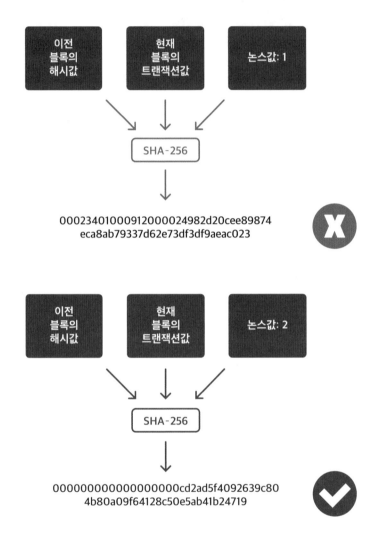

그림 1-8 블록체인의 작업증명

이전 블록의 해시값 · 현재 블록의 트랜잭션값 · 논스값: 1

SHA-256

00023401000912000024982d20cee89874
eca8ab79337d62e73df3df9aeac023 ❌

이전 블록의 해시값 · 현재 블록의 트랜잭션값 · 논스값: 2

SHA-256

000000000000000000000cd2ad5f4092639c80
4b80a09f64128c50e5ab41b24719 ✅

출처: asynclabs.co

이런 경우 채굴 PC에서는 SHA-256 해시 함수에 입력하는 세 가지 정보 중 유일하게 변경이 가능한 값인 논스값을 다시 임의의 수로(예시에는 2라고 가정) 바꾸어 해시값을 생성합니다. 이때 해시값으로 0이 앞에 18개가 나왔다면, 채굴에 성공한 것입니다. 그러면 이때 자신이 입력한 논스값과 나머지 두 값을 블록체인에 등록하면 전 세계에 있는 수많은 블록체인을 가지고 있는 PC에서 이 세 가지 값에 해시 함수를 적용해서 논스값이 맞는지 검증합니다. 이 과정을 거쳐 맞다고 확인되면 블록체인에 새로운 블록으로 추가하게 됩니다. 이러한 과정을 **작업증명**Proof-of-Work이라 부릅니다.

그렇다면 채굴은 왜 어려운 것일까요? 앞서 이야기한 해시값의 앞자리에 있는 0의 수가 계속 늘어난다는 점 때문입니다. 해시 함수의 특징은 결과를 가지고 입력한 값을 알아내는 것이 불가능하다는 점과 입력하는 값이 하나만 바뀌어도 전혀 다른 결괏값이 나온다는 점입니다. 따라서 원하는 결괏값이 나올 때까지 임의의 논스값을 수없이 적용해보아야 합니다. 이러한 시도를 통해 가장 먼저 조건에 해당하는 논스값을 발견한 컴퓨터가 채굴에 성공하는 것입니다.

여러분이 직접 SHA-256 해시 캘큘레이터hash calculator 사이트(xorbin.com)를 방문하면 SHA-256 해시 함수의 변환 테스트를 해볼 수 있습니다. 테스트 내용 예시로 'korea2021'의 SHA-256 해시값은 'cb54bf8b98ac379025a85f8666b88b3f06dbb697d15e3f4559fbdc4ac830568b'인데 'korea2022'의 해시값은 '0ca072a57ee

244190176ed4aeaf83ef4f5157e45218021e81435 f3378136ddda'
입니다.

뒷자리 하나만 바꿨었는데 전혀 다른 값이 나옵니다. 그런데 두 번째 값은 맨 앞자리가 0으로 시작합니다. 만약 채굴 조건이 앞자리 1개가 0으로 시작하는 것이었다면, 'korea2022'가 채굴에 성공한 블록의 값인 셈입니다.

그런데 역으로 어떤 값을 입력해야 앞자리에 17개의 0이 나올지 계산하는 건 불가능합니다. 따라서 채굴에 참여한 PC는 임의의 논스값을 계속 바꾸어가면서 해시값을 구해보아야 합니다. 그리고 어느 순간 운이 좋으면 앞자리의 0이 17개 이상 나오는 논스값을 구할 수 있습니다. 그렇다면 왜 앞자리의 0의 개수가 중요할까요? 그림 1-8에서 본 것처럼 임의의 논스값에서 해시값 앞자리에 0이 하나 나올 확률은 1/16(해시값은 16진수로 나타내기 때문에) 정도입니다. 하지만 2개의 0이 연속해서 나올 확률은 1/16×1/16입니다. 즉 1/256이 됩니다.

쉽게 설명하자면, 주사위를 던져서 1이 나올 확률은 1/6입니다. 그런데 주사위 2개를 던져서 두 개 모두 1이 나올 확률은 1/6×1/6, 즉 1/36입니다. 앞자리에 0이 17개 나온다는 의미는 주사위 17개를 동시에 던졌을 때 17개 주사위가 모두 1이 나올 확률을 계산하는 것과 같습니다. 따라서 엄청나게 많이 던져야 그런 결과를 얻을 수 있지요. 채굴에 성공하려면 무조건 채굴에 참여한 다른 PC보다 먼저 논스값을 구해야 하고 그러려면 성능이 좋은 PC로 무수히 반복해서 해시값을 구해보는 수밖에 없습니다.

　그래서 비트코인을 채굴하려면 일반 PC보다 훨씬 성능이 뛰어난 PC 수십, 수백 대를 동시에 돌려야 합니다. 그리고 이러한 해시 함수를 하나의 PC에서 동시에 병렬로 여러 번 구하려고 고가의 그래픽카드를 사용합니다. 그래픽카드가 있어야 여러 개의 단순한 계산을 동시에 할 수 있기 때문입니다. 향후 앞자리의 0의 개수가 더 늘어날수록 채굴에 필요한 PC의 수와 소요되는 시간은 점점 더 늘어날 것입니다. 이런 점이 비트코인의 가격이 점점 더 상승하는 여러 이유 중의 하나입니다. 지금도 전 세계의 수많은 채굴 컴퓨터가 고성능 그래픽카드를 이용해 채굴을 시도하고 있다는 점은 우리가 계속해서 비트코인을 눈여겨보아야 할 이유이기도 합니다.

새로운 디지털 자산, NFT

가상 화폐 또는 암호화폐라는 용어를 들어본 적 있나요? 좀 더 아시는 분들은 **비트코인**과 **이더리움**을 떠올리실 겁니다. 복잡한 암호화 알고리즘을 사용하는 기술 체계인 암호화폐가 많은 사람에게 알려진 이유는 암호화폐들의 등장 후 이어진 엄청난 가치 폭등 때문입니다. 더불어 암호화폐의 신뢰성을 보장하는 **블록체인** 기술은 최근 많은 언론에 노출되며 친숙한 IT 용어가 되었습니다.

그런데 '대체 불가능 토큰'이라는 언뜻 이해하기 어려운 용어가 관심을 모으고 있습니다. 영어로 **NFT**^{Non-Fungible Token}라고 부릅니다. 이런 알기 어려운 IT 용어가 언론이나 방송에서 많이 등장하고 우리가 관심을 가지게 된 이유가 무엇일까요? 비트코인과 마찬

가지로 '돈이 된다'는 소문 때문입니다. NFT가 무엇인지 모르겠지만 이것을 수억 원이 넘는 금액으로 거래하고 또는 누구나 만들 수 있다고 하니 어찌 관심이 가지 않겠습니까? 과연 NFT가 정확히 무엇일까요? NFT에 활용되는 IT 기술의 원리는 무엇이고 이게 왜 가치를 가질까요? 그리고 미래에 메타버스 시대가 도래해 **디지털 자산 시대**가 왔을 때 NFT가 그 중심이 된다고 하는데 이유가 무엇일까요? 이번 장에서는 NFT에 대해 알아보겠습니다.

디지털 자산이란?

디지털 자산^{Digital asset}이라는 개념을 알아보기 전에 우선 자산의 정의부터 알아보겠습니다. 위키백과에서는 자산資產이란 '경제적인 가치가 있는 재화를 말한다'라고 정의합니다. 돈, 부동산, 귀금속은 물론 미술품, 골동품, 그리고 자신이 창작한 음악이나 도서의 저작권도 자산의 범주에 포함됩니다. 디지털 자산은 글자 그대로 디지털 기술로 만들어지고 가치를 지닌 재화입니다. 가장 잘 알려진 디지털 자산은 앞서 이야기한 비트코인이나 이더리움과 같은 암호화폐입니다. 그러나 현실 세계의 자산이 화폐 이외의 형태로 다양하게 존재하듯 디지털 자산도 여러 종류가 있습니다.

흔하게 접할 수 있는 것으로 디지털 아트가 있습니다. 그림이나 동영상 또는 3D 그래픽으로 표현한 작품이나 디지털화된 음악,

도서까지, 디지털 기술을 기반으로 만들 수 있는 많은 것을 포함합니다. 그리고 리니지 같은 온라인 게임에서 게이머가 획득 및 구매한 게임 아이템도 포함합니다. 왜냐하면 게임 아이템은 인터넷상에서 이미 고가의 금액으로 거래되기 때문입니다.

이렇게 자산을 거래할 수 있는 게임 중에 디센트럴랜드Decentraland, 로블록스Roblox, 샌드박스The Sandbox와 같은 게임들은 온라인상에 있는 가상 부동산을 마치 현실 세계의 부동산처럼 게임 이용자들이 거래할 수 있습니다. 또한 자신이 소유한 가상 부동산을 임대하고 수익을 거둘 수도 있습니다.

이와 같이 디지털 자산은 디지털 아트에서부터 가상 부동산까지 종류가 다양하며 현실 세계와 유사한 점이 있습니다. 그렇다면 이러한 디지털 자산의 소유권은 어떻게 관리되고 보장받을 수 있을까요? 그리고 내가 가진 디지털 자산을 디지털 기술로 복사해서 원본과 차이가 전혀 없는 복사본이 존재한다면 어느 것이 진정한 원본이라고 주장할 수 있을까요? 내가 창작한 디지털 사진 작품이나 그래픽 아트를 누군가가 원본과 똑같이 복사해서 유포할 경우 내가 소유한 원본의 가치는 어떻게 인정받을 수 있을까요?

디지털 세계의 원본 인증서 NFT

사실 디지털 자산은 새로운 개념이 아닙니다. 음악, 그림, 사진, 책

등은 이미 20여 년 전부터 디지털화되어 온라인상에서 거래되고 있습니다. 음악의 경우 지금은 멜론, 벅스, 스포티파이, 애플 뮤직 같은 유료 서비스 시장이 활성화되었지만 과거 MP3 기술이 등장한 시기에는 불법 복제가 문제시되기도 했습니다. 도서의 경우 전자책 기술을 통해 온라인으로 판매는 물론 대여까지 가능해졌지만 불법 복제의 피해를 피할 수는 없었습니다. 이런 디지털 자산의 불법 복제를 막는 기술이 **저작권 보호 시스템**Digital Rights Management, DRM입니다. 저작권 보호 시스템은 소유자 또는 대여자의 승인을 얻어야만 해당 디지털 콘텐츠를 사용할 수 있도록 통제하는 시스템입니다. 따라서 복제하더라도 소유자의 승인이 없다면 복제된 음악 파일이나 전자책을 사용할 수 없습니다. 이러한 관리 체계는 중앙의 저작권 관리 시스템에서 실행됩니다.

그렇다면 NFT는 저작권 보호 시스템과 같은 개념일까요? 아닙니다. NFT는 디지털 자산의 복제나 불법 사용을 막는 기술이 아닙니다. NFT는 블록체인 기술을 이용해 디지털 자산의 소유권을 증명해주는 온라인상의 데이터 보증 시스템입니다. NFT는 블록체인 기술을 기반으로 수많은 블록의 연결로 구성되었습니다. 2014년에 최초로 NFT 개념을 고안한 사람은 케빈 맥코이Kevin McCoy(1967~)와 애닐 대시Anil Dash(1975~)입니다.

가장 대표적인 NFT는 이더리움 블록체인 기반으로 생성된 **ERC-721**Ethereum Request for Comments-721 표준입니다. 그리고 후에 기능이 더 확장된 **ERC-1155** 표준이 등장했습니다. 두 가지 표준의

그림 1-9 NFT 블록에 포함된 정보들

토큰 URI	토큰에 연결된 이미지 혹은 메타데이터 주소
토큰 생성자	토큰의 창작자(일반적으로 작품의 창작자)
소유자	현재 토큰의 소유자
	토큰의 거래 내역(소유권 이전 내역)
	토큰의 거래 내역(소유권 이전 내역)
	……

차이점은 ERC-721이 유일한 하나의 원본만을 증명하는 시스템이라면 ERC-1155는 여러 개의 한정판까지도 증명할 수 있는 시스템입니다. 이 외에도 다른 블록체인을 이용한 여러 NFT 시스템이 있습니다. 하나의 NFT 블록이 가진 정보는 그림 1-9와 같습니다. 이더리움에서는 이러한 블록을 토큰이라고 부릅니다.

'토큰 URI^Uniform Resource Identifier'는 해당 NFT 블록이 소유권을 보증하는 디지털 자산의 원본 데이터가 저장된 웹주소 또는 파일이 저장된 링크를 담고 있습니다. '토큰 생성자'는 해당 토큰을 처음으로 만든 사람의 정보가 기록되며 생성 후에는 변경되지 않습니다. '소유자'는 현재 토큰을 소유한 사람의 정보가 기록됩니다. 이 내용은 NFT가 거래될 때마다 추가되며 모든 거래 내역은 '토큰의 거래 내역'에 기록됩니다.

그림 1-10 잭 도시의 첫 트윗

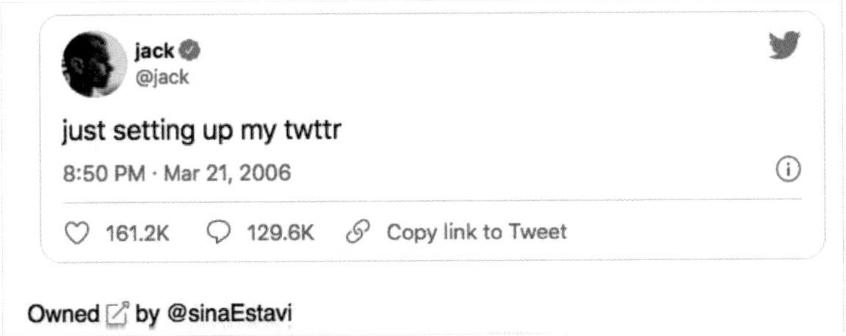

jack
@jack

just setting up my twttr
8:50 PM · Mar 21, 2006

♡ 161.2K   💬 129.6K   🔗 Copy link to Tweet

Owned by @sinaEstavi

출처: 트위터

대체 불가능 토큰이라는 명칭에서 알 수 있듯 NFT의 역할은 토큰이 가리키는 특정 위치에 저장된 디지털 데이터에 대한 소유권을 토큰의 고유성으로 증명하는 것입니다. 예를 들어 내가 찍은 디지털 사진을 내 블로그에 올린 뒤 이를 NFT로 등록하면 후에 누군가가 이 사진을 다운받아 인터넷에 유포해 복사본을 만들더라도 내 블로그의 사진이 원본이라는 것을 증명할 수 있습니다.

그렇다면 단순히 해당 디지털 파일의 원본을 증명하는 것뿐인데 왜 NFT에 관한 관심이 커진 것일까요? 그 이유는 2021년에 있었던 몇몇 NFT 거래 사례 때문입니다. 2021년 3월에 트위터의 창업자인 **잭 도시**^{Jack Dorsey}(1976~)가 트위터를 만들고 처음으로 올린 트윗이 NFT로 등록된 후 경매소에서 약 290만 달러(우리 돈으로 약 32억 원)에 낙찰되어 언론에서 화제였습니다.

또 하나의 사례로 2021년 3월에 미국 크리스티 경매장에서 **비**

플^{Beeple}이라는 디지털 예술가의 디지털 예술 작품이 6,900만 달러라는 엄청난 금액으로 낙찰되어 세상 사람들의 이목을 끌었습니다. 거래된 작품은 〈Everydays: The First 5000 Days^{매일: 첫 5000일}〉 제목의 디지털 아트입니다. 경매 이전까지는 이 작품을 인쇄한 작품이 기념품 가게에서 하나에 100달러로 팔렸다고 합니다. 그리고 2014년에 케빈 맥코이가 최초로 등록한 NFT 디지털 아트 작품인 퀀텀^{Quantum}이 2021년 6월 소더비^{Sotheby's} 경매에서 140만 달러에 낙찰되었습니다.

원본과 복제본의 차이가 전혀 없는 디지털 세상에서 원본 증명을 가능하게 해준 NFT는 새로운 가치를 발굴할 수 있도록 해주었습니다. 사실 우리는 오래전부터 원본의 가치를 높게 평가하는 사례를 쉽게 찾을 수 있습니다. 예를 들면 유명한 저자의 초판의 경우 이후 출판된 책과 내용의 차이가 없음에도 엄청난 가치를 지닙니다. 음반의 경우 초판 음반의 가치는 상대적으로 매우 높게 평가됩니다. 이와 유사하게 최초의 트윗이나 원본이 인증된 디지털 작품이 어마어마한 금액에 거래되는 사례가 만들어졌고 이를 계기로 NFT에 대한 사람들의 관심이 폭증하게 됩니다.

NFT의 미래 가능성

NFT를 구매하면 블록체인 기술로 해당 디지털 자산의 소유권을 주장할 수 있는 증거를 갖게 됩니다. 그것은 해당 디지털 자산이 '세상에서 유일한' 원본이라는 증명ERC-721일 수도 있고 한정된 개수로 발매된 것 중의 하나가 될 수도 있습니다ERC-1155. 예를 들어 ERC-1155 기반의 특정 NFT 아이템은 '7/100'이라는 레이블이 부여될 수 있습니다. 이 의미는 해당 NFT 아이템은 100개만 생산되었으며 그중 7번째라는 걸 의미합니다. 이것은 마치 희소한 석판화나 한정판 인쇄물과 유사합니다.

그렇다면 NFT로 원본 또는 한정판임을 입증하는 게 얼마나 가치 있을까요? 유명한 이탈리아의 화가 아메데오 모딜리아니Amedeo Modigliani(1884~1920)의 그림이 처음부터 수천만 달러 이상으로 거래된 건 아닙니다. 한때 모딜리아니는 자신의 그림 중 하나를 따뜻한 식사나 커피 한 잔과 교환해야 했던 불우한 시절을 보냈었습니다. 하지만 지금 그의 작품은 훨씬 높은 가치가 있다고 평가받습니다. 이러한 시간에 따른 예술 작품의 가치 변화 사례로 인해 NFT는 해당 디지털 데이터 자산의 원본 증명을 바탕으로 디지털 예술품의 미래 가치를 보장하는 수단으로 인식되고 있습니다. 따라서 피카소 또는 렘브란트의 작품을 구매하려고 수백만 달러를 투자하는 것처럼 디지털 예술 작품의 미래 가치를 인정하는 사람들이 비플의 작품의 NFT를 높은 가격임에도 구입하는 것입니다.

또한 인터넷의 미래라고 여겨지는 메타버스 세계가 대중화될 때 NFT 예술 자산의 소유자들은 자신들의 소유품을 메타버스 세상에 존재하는 박물관이나 미술관에 전시하고 사람들에게 입장료를 받을 수도 있습니다. 또는 일정 금액을 받고 메타버스 세상에 존재하는 기업 건물 로비에 지정된 기간에 전시하는 임대 사업도 할 수 있습니다. 더 나아가 해당 작품을 여러 개로 나누어 개별적으로 판매할 수도 있습니다.

NFT는 암호화폐와 블록체인의 가장 중요한 특성인 탈중앙화 개념을 기반으로 디지털 자산의 소유권 관리 및 거래 인증 체계를 확대한 것입니다. 이를 이용해 미래에는 더 다양하고 창의적인 비즈니스가 가능할 것입니다. 예를 들면 온라인상에서 사업 자금을 마련하는 방법인 크라우드 펀딩과 연계할 수 있습니다. 크라우드 펀딩은 미래 가능성을 담보로 투자자들에게 사업 투자금을 받는 것입니다. 이때 펀딩에 참여한 사람들에게 일련번호가 등록된 한정판 NFT 아이템을 지급해 미래에 사업이 번창했을 때 해당 NFT의 가치 상승에 따른 투자 이익을 제공할 수 있습니다.

그러나 NFT에 대해서 거품 논란이 있는 것도 사실입니다. 이를 입증하듯 벌써 많은 NFT 아이템이 판매를 위해 온라인상에 등록되었지만, 이들 NFT 중에 실제 판매된 아이템은 그리 많지 않을 것입니다. 그러나 메타버스가 미래의 인터넷이 된다고 예측하는 수많은 IT 투자자는 NFT가 메타버스 내에서 핵심 기능을 맡을 것이라 판단하고 여기에 거액을 투자합니다.

국내 사례로는 2021년 8월에 프로야구팀을 보유한 신세계 그룹이 편의점 계열사 이마트24를 통해 프로야구단 SSG 랜더스의 창단 기념 NFT 순금 메달을 출시했습니다. 이 메달에 대해 "한국

금거래소의 순도 99.99% 포나인골드 1온스^{oz}로 제작했으며, 양쪽 면에는 SSG 랜더스 상징(엠블럼)과 타석에 들어선 타자의 상반신을 형상화한 이미지를 새겼다"라고 발행 측은 설명했습니다. 이마트24에 따르면, SSG 랜더스와 협의를 거쳐 창단 원년에 1,000세트 한정 제작한 메달에는 1$^{NO.1}$부터 1,000$^{NO.1000}$까지 고유 번호를 새겼으며 디지털 원본임을 입증할 수 있도록 NFT도 제공합니다. 메달 1개당 가격은 299만 원이며 향후 NFT 경매 등을 통해 수익을 거둘 수 있을 것이라고 했습니다.

NFT의 거래

"구슬이 서 말이라도 꿰어야 보배"라는 속담이 있습니다. NFT가 디지털 자산의 소유권을 증명해준다고 해도 이를 거래해 수익을 낼 수 없다면 많은 사람이 관심을 갖지 않겠지요. 그래서 NFT로 보증된 디지털 자산을 거래할 수 있는 온라인 거래 사이트가 많이 개발되었습니다. 그중의 하나로 **오픈시**^{OpenSea}가 있습니다. 그림 1-11가 오픈시의 초기 화면입니다. 거래 가능한 NFT 기반의 디지털 자산 종류를 보면 본 글에서 언급한 대부분의 자산이 해당하는 것을 볼 수 있습니다.

오픈시 이외에도 라리블^{Rarible}, 크립토펑크^{CryptoPunks}, 슈퍼레어 ^{SuperRare}, 니프티 게이트웨이$^{Nifty\ Gateway}$, 파운데이션^{Foundation} 등 여

그림 1-11 온라인 NFT 거래 플랫폼 오픈시

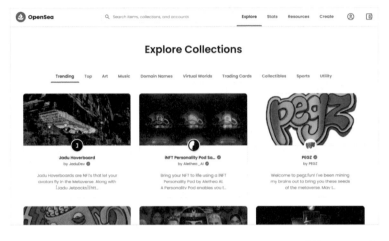

출처: opensea.io

러 거래 사이트가 있습니다. NFT의 인기에 힘입어 이들 거래소에 등록되는 아이템의 수는 빠르게 증가하고 있습니다.

NFT 거래소에서 아이템을 거래하려면 어떻게 해야 할까요? 우선 거래하려는 NFT 거래 사이트에 계정을 만들고 **디지털 지갑**을 생성합니다. NFT 아이템의 거래는 실제 화폐로 이루어지지 않고 암호화폐로만 거래되기 때문에 이를 위한 디지털 지갑을 만들어야 합니다. 이때 사용 가능한 암호화폐는 비트코인이나 이더리움 등입니다. 그리고 디지털 지갑에 암호화폐를 넣은 뒤 원하는 NFT 아이템을 구매하면 거래가 성사됩니다.

만약 내가 만든 NFT 아이템을 판매하려면 먼저 판매할 NFT

그림 1-12 여러 개의 아이템을 가진 NFT 사례

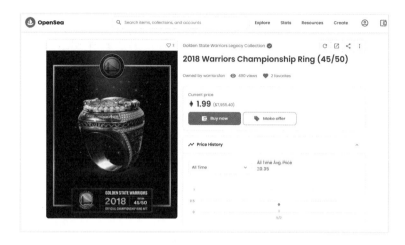

출처: opensea.io

아이템을 거래 사이트에 등록합니다. 등록할 수 있는 아이템은 JPG, PNG, GIF 등의 이미지 파일 또는 MP4, MP3 등의 멀티미디어 파일입니다. 이러한 파일을 등록하면 거래 시스템이 자동으로 NFT 블록을 생성합니다. 거래가 이루어지면 판매자가 생성한 NFT 블록에 거래 내역이 기록됩니다.

그림 1-12는 오픈시에서 판매하는 스포츠 기념 반지입니다. 실체로 존재하는 반지가 아니라 3D 그래픽 이미지로 만든 가상 반지입니다. 전체 50개이며 그림 1-12의 제품은 그중에서 45번째 아이템이라는 의미입니다.

NFT가 풀어야 할 문제들

NFT는 미래 디지털 자산의 소유권을 보장하는 블록체인 기반의 기술이며, 동시에 메타버스 세상에서도 디지털 자산 소유권 인증 기술로 자리 잡을 것입니다. 그런데 NFT가 미래의 핵심 IT 기술이 되려면 풀어야 할 숙제가 있습니다.

우선 가상 자산의 가치 평가가 객관적이고 공감할 수 있는 내용이 되어야 합니다. 지금의 NFT 인기는 엄청난 금액으로 거래된 일부 사례에서 파생된 투자 심리가 반영되었기에 객관적이라고 보기 어렵습니다. 따라서 NFT의 가치에 관해 누구나 공감할 수 있는 문화가 형성되고 이를 기반으로 거래 금액이 결정될 때 NFT를 활용한 디지털 자산의 거래 시장이 형성될 것입니다.

다음으로 디지털 자산의 영구 보존에 관한 문제입니다. 앞의 설명처럼 NFT에는 실제 디지털 자산의 데이터나 파일이 없습니다. 대신 URI 영역에 데이터나 파일이 존재하는 웹 사이트 또는 위치 링크가 있습니다. 만약 웹 사이트상의 이미지 NFT 자산을 구입했는데 해당 웹 사이트의 운영이 중단되면 갖고 있던 NFT 자산이 사라지게 됩니다. 사라진 이미지를 복사한 백업 파일을 갖고 있어도 이미지가 NFT의 URI가 가리킨 위치에 있지 않으면 원본이라고 볼 수 없습니다. 그러나 원본 데이터를 NFT 블록 내에 저장하는 건 불가능합니다. 동영상이나 이미지 데이터 사이즈 때문입니다. 따라서 대안으로 NFT에 등록한 원본 데이터를 절대로 잃지 않을 공간에 별도로 저장하는 방안이 제시되고 있습니다. **IPFS**InterPlanetary File System가 이러한 데이터 저장 기술입니다.

마지막으로 NFT 아이템을 구입한 소유자가 갖는 법적 권리의 해석이 불명확하다는 점입니다. NFT를 구입한 소유자의 권리는 해당 NFT가 가리키는 위치의 디지털 파일 소유권입니다. 따라서 원작자가 해당 디지털 파일을 다른 곳에 저장한 뒤 이를 판매하는 행위를 막을 수 있는가에 관한 법적인 문제, 즉 완전한 저작권 소유 문제가 있습니다. 현재까지 NFT 소유자가 해당 디지털 예술품에 관한 원작자의 추가적인 판매나 기타 행위를 막지 못합니다.

그럼에도 미래 가상 자산 시장의 확대와 메타버스에서의 창의적인 비즈니스 확장 사례를 보았을 때 NFT가 제공하는 가치는 매우 클 것으로 예상됩니다.

IPFS가 무엇인가요

NFT는 디지털 자산의 소유권을 보증하는 기술이라고 설명했습니다. 따라서 NFT의 현재 소유자라면 해당 디지털 자산 소유를 확실하게 보장받을 수 있습니다. 그런데 NFT에는 이러한 소유권 정보만 있을 뿐 실제 그림이나 동영상, 음악, 사진 등 원본 데이터 파일은 존재하지 않습니다. 해당 원본이 어디에 존재하는지를 알려주는 URI 정보만 있습니다. 이러한 링크 정보는 해당 디지털 데이터 파일이 등록된 서버의 IP 주소나 웹 사이트의 URL 등에 해당합니다.

따라서 NFT의 링크 정보가 가리키는 곳에 위치한 원본 데이터를 지속적으로 관리해야 합니다. 하지만 NFT의 소유자는 이에 관한 책임이나 권한이 없기에 최악의 경우 자신이 소유한 NFT의 디지털 데이터를 잃을 수 있습니다. 이런 경우 NFT의 소유자는 사실 별로 할 수 있는 일이 없습니다. 그렇다고 블록체인 구조인 NFT 블록에 해당 디지털 데이터를 저장하기도 어렵습니다. 사진, 영상 등의 멀티미디어 데이터 파일의 크기가 매우 크기 때문입니다.

만약 존재한다면 절대 사라지지 않고 전 세계 어디서나 접속 가능하며 저장 공간의 크기가 무한에 가까운 저장 공간이 가장 이상적인 저장 공간일 것입니다. 아마존이나 구글 클라우드가 유사한 서비스를 제공하지만 유료 서비스이며 하나의 기업이 운영하는 중앙집중관리 체계입니다. 만약 무료 서비스이면서 블록체인처럼 분산된 환경에 이런 데이터 저장 공간을 구성할 수 있다면 어떨까요?

여러분은 혹시 토렌트Torrent 파일 다운로드 서비스를 사용해본 적이 있나요? 소위 '어둠의 경로'라 불리며 영화나 음악을 검색하고 무료로 다운로드할 수 있는 서비스입니다.

토렌트 프로그램으로 찾고자 하는 음악이나 영화를 검색하면 전 세계에 토렌트 프로그램이 설치된 PC의 정보를 검색해 찾아줍니다. 파일을 찾은 후 다운로드를 시작하면 잘게 쪼개진 데이터 파일을 다운로드하게 됩니다. 이때 하나의 PC로부터 데이터를 받는 것이 아니라 수많은 PC로부터 동시에 데이터를 전송받습니다. 이를 통해 중간에 데이터를 가진 한 PC가 종료되어도 다른 여러 개의 PC로부터 계속해서 데이터를 받기 때문에 다운로드가 멈추지 않습니다. 토렌트는 중앙 서버 없이 완전히 분산되어 자율적으로 운영되는 시스템입니다.

이러한 토렌트 서비스 기술을 기반으로 디지털 데이터 파일을 전 세계 PC에 분산해 저장하고 공유할 수 있도록 고안한 파일 시스템이 IPFS입니다. 완전한 분산 시스템이며 수많은 PC에 동일한 데이터 파일을 복제, 저장, 공유하는 구조이기 때문에 한 PC에서 데이터를 모두 삭제해도 다른 PC에서 해당 데이터 파일을 다운받을 수 있습니다.

파일의 위치를 나타내는 정보는 기본적으로 웹의 URL과 유사합니다. 'https://ipfs.io/ipfs/〈CID〉'의 구조이며 예를 들면 'https://ipfs.io/ipfs/Qme7ss3ARVgxv6rXqVPiikMJ8u2NLgm gszg13pYrDKEoiu'과 같은 형식입니다.

또한 IPFS에 저장한 파일들을 검색할 수 있는 검색엔진도 존재합니다. 그중 하나가 IPFS 서치 사이트(ipfs-search.com)입니다. 여기서 앞서 이야기한 6,900만 달러에 거래된 비플의 작품인 〈Everydays: The First 5000 Days〉를 검색하면 IPFS상에 저장된 디지털 이미지 파일을 찾을 수도 있습니다.

최근 대부분의 NFT 디지털 자산 거래 사이트에 등록된 디지털 아트의 데이터들은 IPFS에 저장되며 NFT 블록상의 원본 데이터 파일 위치 정보도 IPFS의 파일 위치 정보 형식으로 저장되어 있습니다.

PART 2

IT 플랫폼의
영업비밀

클라우드
서비스

구글, 아마존, 마이크로소프트, 애플은 물론 우리나라의 네이버나 카카오가 공통으로 제공하는 서비스가 있습니다. 바로 **클라우드**Cloud 서비스입니다. 클라우드 서비스를 이용해 시스템을 구성하는 것을 **클라우드 컴퓨팅**Cloud computing이라고 합니다. IT 업계의 많은 사람이 IT의 미래는 클라우드 서비스가 될 것이라고 하는데, 대체 클라우드 서비스는 무엇일까요? 클라우드 서비스를 이야기할 때 이아스IaaS니 파스PaaS니 사스SaaS니 하는데 이 개념들은 또무슨 뜻일까요? 그리고 클라우드가 대세가 되는 이유는 무엇일까요? 클라우드 서비스로 유명한 것은 무엇이 있을까요? 지금부터하나씩 알아봅시다.

클라우드 서비스란?

클라우드 서비스를 설명할 때 IT 전문가들이 자주 인용하는 사례가 있습니다. 바로 우리가 오래전부터 사용하는 전기에 관한 역사입니다. 19세기 초 영국에서 시작된 **산업혁명**은 증기기관의 발명에서 비롯했습니다. 이전까지는 직물기나 방앗간을 돌리려면 강가의 물레방아나 가축을 이용해야 했으나 증기기관이 발명되면서 다양한 기계를 개발하고 사용할 수 있게 되었고, 이것이 산업혁명으로 이어진 것입니다. 그런데 19세기 중엽에 발전기와 전기모터가 발명되자 공장의 동력원으로 증기기관보다 깨끗하고 크기도 작은 전기모터가 사용되기 시작합니다. 하지만 지금과 같은 전력망은 없었기에 당시 모터를 사용하는 공장은 자체적으로 발전기를 같이 운영해야 했습니다.

그러다 **토머스 에디슨**Thomas Edison(1847~1931)이 1882년에 뉴욕 맨해튼의 펄 스트리트Pearl street에 최초의 중앙집중식 발전기를 설치했습니다. **펄 스트리트의 점보**The Jumbo **석탄 구동식 발전기** 6기는 맨해튼 남부 지역 중심부에 구축된 1mi²(약 2.6km²) 면적의 지역에 있는 82명의 고객에게 전력망을 통해 최대 600kW의 직류 전력을 공급했습니다. 이제 전기를 사용하기 위해 발전기를 각자 가지고 있을 필요가 없어진 셈입니다. 이후 교류 송전 방식이 개발되어 원거리 송전이 가능해지자 발전소는 점점 더 거대해지고 전력을 공급해야 할 영역도 넓어졌습니다. 오늘날 우리는 사용하는 전기가 어디에서 오는지 알 필요 없이 그저 콘센트에 전선을 연결만 하면 필요한 만큼 전기를 사용할 수 있습니다.

클라우드 서비스도 마찬가지의 개념입니다. 마치 발전기를 자체적으로 운영해야 하던 시절에서 오늘날처럼 전력망에 연결하기만 하면 전기를 사용할 수 있게 된 것과 같이, 컴퓨터로 필요한 업무를 진행하기 위해 별도의 시스템을 구축하지 않아도 언제든 사용자가 필요한 컴퓨터의 능력을 빌려 쓸 수 있는 서비스입니다.

클라우드 서비스의 종류

클라우드 서비스를 이아스, 파스, 사스 등으로 구분해 이야기하는데 각각 무슨 뜻일까요? 우선 뜻을 이해하기 쉽게 집을 구하는 것으로 비유하겠습니다. 우리는 독립하면 살 집을 구해야 합니다. 집을 구하는 이유는 편하게 지내기 위해서입니다. 집을 구하는 과정에서 클라우드 서비스를 이용한다고 가정하겠습니다.

먼저 **이아스**는 'Infrastructure as a Service'의 준말입니다. 집을 구하는 것에 비유하자면 아무것도 없는 빈집을 빌리는 것과 같습니다. 집의 기본은 갖추어져 있으나 가구도 가전제품도 없고 인테리어도 되어 있지 않은 집입니다. 원하는 인테리어와 가구와 가전제품을 빌려서 마련해야 지낼 수 있습니다. 이아스는 컴퓨터 시스템을 구성하는 기본 요소인 하드웨어와 저장 장치 등의 인프라를 클라우드 서비스로 제공하는 것입니다. 사용자는 제공받은 인프라에 스스로 윈도우나 리눅스 등 운영체제를 설치하고 데이터베이스도 설치하고 필요한 프로그램도 설치해야 컴퓨터 시스템을 사용할 수 있습니다. 대기업에서 자체적으로 하드웨어를 구입하지 않고 시스템을 구성하고자 할 때 주로 많이 사용하는 클라우드 서비스입니다.

그럼 **파스**는 무엇일까요? 파스는 'Platform as a Service'의 준말입니다. 집을 구하는 것에 비유하자면 풀옵션 원룸을 빌리는 것과 같습니다. 생활에 필요한 기본적인 것들이 갖추어져 있으니 바로 들어가서 살면 됩니다. 이 경우는 클라우드 서비스 업체에서 운영체제와 데이터베이스 및 프로그램 개발 환경까지 다 미리 준비해 제공합니다. 사용자는 업체에서 제공한 환경에서 자신이 원하는 프로그램을 개발하거나 필요한 소프트웨어만 설치하면 됩니다. 별도의 IT 전문 조직이나 시스템을 준비하지 않고 프로그램을 개발하는 경우가 있는 벤처기업이나 중소기업에서 많이 사용합니다.

마지막으로 **사스**는 'Software as a Service'의 준말입니다. 다시 살 집을 찾는 것에 비유하자면 호텔을 이용하는 것입니다. 파스와 다른 점은, 파스의 경우 살면서 청소나 빨래, 음식 만들기 등 자신이 해야 할 일들은 자신이 해야 하지만 호텔은 모든 일을 대신 해주는 서비스를 제공합니다. 이 경우는 사용자가 필요로 하는 모든 시스템 및 프로그램이 사전에 준비되어 있습니다. 사용자는 자신의 ID와 패스워드만 등록하면 바로 원하는 기능을 사용할 수 있습니다. 하드웨어나 운영체제는 물론 어떠한 프로그램도 설치하거나 준비할 필요가 없습니다.

그럼 주요 차이점은 무엇일까요? 집을 빌리는 것에 비유하자면 이아스는 비용은 가장 저렴하지만 제대로 살기 위해서는 스스로 해야 할 일이 많습니다. 하지만 자신이 원하는 인테리어와 가구를 들여 마음대로 꾸밀 수 있는 장점이 있습니다. 파스는 기본은 갖추어져 있어 사용하기 편하지만 그래도 스스로 해야 하는 일이 적지 않습니다. 비용도 이아스보다는 비쌉니다. 그리고 원하는 환경에서 지내려고 하면 잘 골라야 합니다. 사스는 모든 서비스를 제공하니 사용자는 편하게 지내기만 하면 됩니다. 당연히 비용은 가장 비쌉니다.

이아스로 대표적인 서비스는 구글 클라우드와 아마존 웹 서비스의 서버와 스토리지 서비스가 있습니다. 이아스를 사용하려면 컴퓨터 시스템 인프라의 거의 모든 기술을 잘 알고 있어야 하며 자체적으로 서버와 스토리지는 물론 소프트웨어도 구성하거나 개발할 수 있어야 합니다.

파스는 클라우드 서비스를 제공하는 곳에서 기존 하드웨어 구성은 물론 운영체제나 데이터베이스 등의 소프트웨어 환경도 함께 구성해 제공하기에 사용자는 자신이 원하는 프로그램을 설치하거나 개발해서 사용하면 됩니다. 사스는 이마저도 필요가 없습니다. 바로 사용자 아이디를 등록하고 로그인해서 사용할 수 있습니다. 여러분이 구글 메일을 사용한다면 그것이 바로 사스 클라우드 서비스를 사용하는 것과 같습니다.

주요 클라우드 서비스

우리가 흔히 주변에서 접할 수 있는 클라우드 서비스는 어떤 것들이 있을까요? 이아스와 파스는 IT 전문가이거나 개발자 또는 기업의 시스템 운영 담당자가 아니면 쉽게 사용하기 어려운 서비스 영역입니다. 하지만 우리가 흔히 사용하는 파스 서비스가 하나 있습니다. 바로 클라우드 저장소 서비스입니다. 애플이나 구글 또는 네이버에서 제공하는 클라우드 디스크가 파스에 해당하는 서비스입니다.

사스 서비스는 일반인들도 이젠 많이 접하고 있습니다. 대표적인 서비스가 이메일입니다. 그리고 코로나 시대에 갑자기 유명해진 줌Zoom 화상회의 서비스도 해당합니다. 구글의 구글 문서, 캘린더, 구글 번역도 사스 클라우드 서비스입니다. 개념을 확장하면 페이스북이나 인스타그램 등의 소셜미디어 서비스도 사스 방식의 서비스라고 할 수 있습니다. 그 외에 기업을 위한 전문적인 사스 클라우드 서비스는 무수히 많습니다. IT 시장에서 사스 클라우드 서비스는 기업이 정보 시스템의 도입이 필요할 때 반드시 검토하는 대안 중 하나가 되었습니다.

인공지능과 빅데이터가 미래의 주요 IT 기술의 중심이 되면서 클라우드 서비스는 더욱 중요해졌습니다. 왜냐하면 인공지능이나 빅데이터 시스템을 자체적으로 구축하는 것은 전문가와 많은 비용이 필요하기 때문입니다. 따라서 기업들은 자체적으로 인공지능 시스템을 구축하지 않고 구글이나 아마존의 클라우드 서비스 내에 포함된 인공지능이나 빅데이터 기능을 빌려서 사용하는 것을 선호합니다. 구글이나 아마존, 마이크로소프트 등에서는 거의 모든 IT 분야의 서비스를 클라우드 서비스로 제공하고 있습니다.

클라우드 서비스의 요금 체계

클라우드 서비스는 공짜가 아닙니다. 당연히 비용을 받습니다. 비용을 부과하는 방식은 사용자가 사용한 만큼 요금을 청구하는 형태가 대부분입니다. 따라서 시스템을 많이 사용하면 지불해야 하는 요금이 많아집니다. 이를 자동차로 비유하면 차를 직접 구매하는 경우, 리스하는 경우, 그리고 택시를 타는 경우로 예를 들 수 있을 것입니다.

자동차를 직접 구매하는 것은 사용자가 클라우드 서비스를 이용하지 않는 것에 해당합니다. 초기 비용은 많이 들어가지만 이후에는 기름값만 더 내면 됩니다. 리스를 하는 경우는 초기 비용이 거의 안 들지만 매월 일정 비용을 지불해야 합니다. 다만 얼마를 타고 다니든 매월 내는 비용은 같습니다. 하지만 5년이나 10년 같이 일정한 기간의 전체 비용을 계산해보면 직접 구입하는 비용이 대체로 더 저렴합니다.

클라우드 서비스는 마지막 경우인 택시를 타는 것과 같습니다. 사용한 만큼 돈을 지불하는 방식이라 매일 짧은 거리만 이용한다면 차를 직접 구입하는거나 리스를 하는 것보다 저렴합니다. 자동차 보험료나 기름값 등을 걱정할 필요도 없습니다. 그러나 이용하는 시간이나 횟수가 많아질수록 차를 직접 구입하는 경우나 리스하는 경우보다도 비용이 많이 들게 됩니다. 따라서 클라우드 서비스를 도입하고자 할 때는 얼마나 시스템을 사용할지 분석할 필요가 있습니다.

그렇다면 시스템을 많이 사용하는 경우에는 무조건 클라우드 서비스가 불리할까요? 그렇지 않습니다. 예를 들어 시스템을 사용하는 시간이 평균적으로 한 달에 하루 1시간 정도지만, 한 달 중 특정한 시점에는 많은 사람이 동시에 이용해야 하는 경우에는 어떻게 될까요? 공연 티켓 발매 시스템이나 코로나 백신 예약 시스템 등과 같이 평소에는 사용자가 없지만 특정 이벤트가 있을 때 사용자가 몰리는 경우에 대비하기 위해서는, 자체적으로 많은 사용자가 몰리는 상황을 고려해 컴퓨터 시스템을 구축해야 합니다. 안 그러면 사용자가 몰리는 시점에 시스템 과부하로 문제가 발생할 수 있습니다. 클라우드 시스템을 활용하면 필요할 때 순간적으로 얼마든지 시스템 능력을 키울 수 있고 한가할 때는 최소화할 수 있습니다. 이런 경우도 사용량을 떠나 클라우드 서비스가 적합합니다.

따라서 클라우드 서비스의 도입을 검토할 때는 **총소유비용**Total Cost of Ownership, TCO 방식으로 비용을 검토해야 합니다. 총소유비용이란, 초기 도입 비용이나 월 사용 비용 등 일부 비용만 검토하는 것이 아니라 해당 시스템을 일정 기간(보통 3년에서 5년) 운영하는데 소요되는 모든 비용을 의미합니다.

클라우드 서비스의 미래

우리가 스마트폰에서 사용하는 앱은 사실 스마트폰에서만 작동하는 것이 아닙니다. 앱을 실행하면 우리도 모르는 사이에 알 수 없는 곳에 있는 시스템에 접속해서 해당 시스템의 지원을 받는 경우가 많습니다. 그래서 통신이 안 되면 작동이 제대로 안 되는 앱이 많은 것입니다. 시리나 구글 어시스턴트 등의 음성 인식 비서, 구글 번역, 지도 서비스 등 많은 서비스가 그런 경우입니다.

미래의 클라우드 서비스는 마치 우리가 앱을 사용할 때 실제 서비스가 어디에서 제공되는지 전혀 신경 쓰지 않아도 되는 것처럼 우리가 알지 못하는 사이에 우리 생활에 개입하고, 서비스를 제공할 것입니다. 그리고 기업들도 컴퓨터 시스템을 자체적으로 운영하지 않고 더 많은 영역에서 클라우드 서비스를 사용할 것입니다. 더 나아가 집에 PC가 필요 없는 세상이 올 수도 있습니다.

부정적인 면은 어떠한 것이 있을까요? 아무래도 클라우드 서비스가 확산될수록 더 많은 정보가 클라우드에 쌓일 것입니다. 편리한 서비스를 사용하기 위함이지만 개인의 사생활 정보같이 민감한 정보들이 점점 더 탈취의 대상이 될 것입니다. 그리고 클라우드 서비스에 대한 의존도가 높은 상황에서 장애가 발생하면 대혼란이 올 수도 있습니다. 카카오톡에서 오류가 발생하면 뉴스에 나오는 세상이니까요. 아울러 소수의 글로벌 클라우드 서비스 업체가 점점 더 영향력이 커져 새로운 기업이나 중소기업의 생존이 위협을 받을 수도 있습니다.

이아스, 파스, 사스에 대해 확실하게 알아봅시다

앞서 세 가지에 대해 설명했으나 좀 더 확실하게 이해하고 넘어가도록 하겠습니다. 그림 2-1을 보겠습니다.

자체적으로 컴퓨터 시스템의 모든 것을 운영하는 경우를 **온프레미스**On-premises 운영 방식이라 합니다. 서버·스토리지부터 최종적인 앱까지 모두 직접 운영하는 것입니다.

그림 2-1 컴퓨터 시스템의 구성 요소와 클라우드 서비스

클라우드 서비스

온프레미스	이아스	파스	사스
애플리케이션	애플리케이션	애플리케이션	애플리케이션
데이터	데이터	데이터	데이터
실행 환경	실행 환경	실행 환경	실행 환경
미들웨어	미들웨어	미들웨어	미들웨어
운영체제	운영체제	운영체제	운영체제
가상화환경	가상화환경	가상화환경	가상화환경
스토리지	스토리지	스토리지	스토리지
네트워크	네트워크	네트워크	네트워크
서버	서버	서버	서버

■ 사용자·기업이 직접 관리하는 영역 ■ 클라우드 서비스 제공자가 관리하는 영역

출처: techtarget.com

- **이아스**: 그림 2-1과 같이 서버, 스토리지·네트워크, 서버 가상화 Virtualization(하나의 서버를 여러 개의 가상 서버로 분할해 사용할 수 있도록 제공하는 환경)까지 클라우드 서비스를 받는 것입니다.
- **파스**: 운영체제, 미들웨어(시스템 간의 데이터 교환을 위한 소프트웨어), 앱의 개발 및 실행 환경까지 서비스를 받는 것입니다.
- **사스**: 컴퓨터 및 앱과 관련된 모든 서비스를 받는 것입니다.

그림 2-2 피자 서비스와 클라우드 서비스 비교

온프레미스	이아스	파스	사스
집에서 직접 피자를 만들어서 먹음	마트에서 냉동 피자를 사온 후 데워서 먹음	피자 전문점에서 피자를 배달시켜 먹음	피자 전문 레스트랑에서 사 먹음

출처: techtarget.com

아직도 이해가 안 된다고요? 그럼 다른 예를 들어보겠습니다. 오늘 저녁에는 왠지 피자가 먹고 싶다고 가정합니다. 저녁에 피자를 먹기 위해서는 우선 시장에 가서 재료를 사 와서 집에서 재료를 다듬은 후 피자를 만들어 먹을 수 있습니다. 원하는 피자를 마음대로 만들어 먹는 게 가능합니다. 이게 **온프레미스 방식**으로 피자를 먹는 것입니다.

그런데 왠지 내 요리 솜씨를 믿을 수가 없습니다. 그래서 슈퍼에 가서 냉동 피자를 사 왔습니다. 그리고 냉동 피자를 집에 있는 전자레인지에 넣고 익혀서 먹었습니다. 이게 **이아스 방식**으로 피자를 먹은 것입니다.

그런데 더 맛있는 피자를 먹고 싶습니다. 스마트폰으로 집 근처의 피자 전문점을 검색해서 전화를 걸어 치즈 크러스트 피자를 주

문했습니다. 30분 뒤 배달된 피자를 먹었습니다. 이 경우가 **파스 방식**으로 피자를 먹은 것입니다.

하지만 먹고 나서 접시와 포크 및 나이프를 설거지하는 게 번거로운 것 같습니다. 그래서 집 옆에 있는 레스토랑에 가서 피자를 주문해서 먹고 나왔습니다. 이 방식이 **사스 방식**으로 피자를 먹은 것입니다. 이해가 되시나요?

당근마켓 속에
숨어 있는 IT 기술

여러분은 당근마켓 앱을 사용해본 적이 있나요? 자신과 같은 동네에 사는 사람들이 올린 물건들을 검색하고 마음에 드는 물건을 발견하면 판매자와 직접 만나서 거래할 수 있는 사이트입니다. 초기에는 아는 사람만 사용하는 앱이었는데 지금은 300만 명 이상의 사용자를 보유한 앱이 되었습니다.

이런 기가 막힌 아이디어를 어떻게 생각해냈을까요? 우리가 사용하는 스마트폰의 다양한 앱들은 여러 가지 IT 기술을 활용하고 있습니다. 그럼 당근마켓 앱 속에 숨어 있는 IT 기술을 파헤쳐보겠습니다.

인터넷 중고 거래의 역사

우리가 웹 사이트에 접속해 다양한 내용을 편리하게 볼 수 있게 해주는 소프트웨어인 웹 브라우저는 **마크 앤드리슨**^{Marc Andreessen}(1971~)이 1994년에 개발한 넷스케이프 내비게이터^{Netscape Navigator}에서 시작되었습니다. 이후 일반인들이 인터넷과 웹 사이트를 여러 분야에서 사용하는 시대가 도래합니다. 이런 인터넷의 확산 초기인 1995년 3월에 미국의 프로그래머인 **크레이그 뉴마크**^{Craig Newmark}(1952~)가 샌프란시스코 지역을 대상으로 개인 광고, 구인, 구직, 부동산 거래 등을 할 수 있는 웹 사이트를 운영하기 시작했습니다. 이것이 **크레이그리스트**^{Craigslist}입니다. 한동안 샌프란시스코 근방만 대상으로 했으나 2000년 이후 미국의 다른 도시로 점차 영역을 확대해갔고 지금은 세계 50개 국가에서 운영하는 사이트가 되었습니다. 크레이그리스트는 우리나라의 서울에도 진출해 있으며 사이트(seoul.craigslist.org)도 존재합니다.

크레이그리스트가 탄생하던 때와 비슷한 시기인 1995년 9월에 프랑스 출신의 미국 프로그래머인 **피에르 오미디아**^{Pierre Omidyar}(1967~)는 인터넷상에 개인이 올린 물건을 경매 방식으로 거래할 수 있는 사이트를 만들었습니다. 이 경매 사이트에서 거래된 최초의 중고 거래 품목은 고장 난 레이저 포인터였으며 14.83달러에 거래되었다고 합니다. 단순히 취미로 시작한 이 사이트는 엄청난 인기를 얻었습니다. 이 웹 사이트는 우리가 잘 아는 **이베이**^{eBay}가

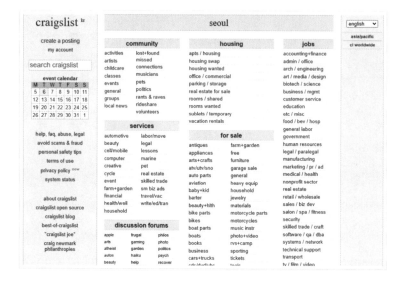

출처: seoul.craigslist.org

됩니다. 이베이는 개인 간 중고 물건 거래는 물론 전문적인 판매

점들도 참여하는 세계적인 사이트입니다. 이후 인터넷과 웹 사이

트는 상거래의 혁신 모델로 떠올랐고, 이 무렵에 인터넷에서 책을

팔겠다는 아이디어로 1994년에 사업을 시작한 **제프 베이조스**Jeff

Bezos(1964~)는 지금의 **아마존**Amazon을 만들었습니다. 1990년대 중

반은 IT 역사에서 황금기의 시작에 해당합니다. 인터넷, 월드 와

이드 웹, 웹 브라우저 기술이 등장한 시기였으니까요.

우리나라의 경우에는 2003년 12월에 네이버 포털에서 중고 거

래를 위해 개설된 카페였던 **중고나라**가 인기를 얻어 1,800만 명

이 넘는 회원 수를 보유하면서 개인 간 중고 거래의 중심이 되었습니다. 하지만 전문 업자들의 물건이 넘쳐나면서 개인 간 거래의 순수성이 사라져갔습니다. 그리고 2015년에 시작한 당근마켓이 인기를 얻어 사용자가 증가하면서 결국 중고나라는 중고 거래 사이트 1위 자리를 당근마켓에 내주었습니다.

인터넷에서의 개인 간 거래 P2P

당근마켓처럼 기업이나 중개인을 거치지 않고 소비자와 소비자가 서로 직거래하는 형태를 개인 간 거래 또는 **P2P** Peer-To-Peer 거래라고 합니다. P2P란 개념은 중고 거래 또는 인터넷 쇼핑 분야가 아닌 전혀 다른 분야에서 유래되었습니다. 바로 **숀 패닝** Shawn Fanning(1980~)이 만든 MP3 음원 파일 공유 사이트인 **냅스터** Napster 입니다. 1999년에 오픈한 냅스터는 개인 간의 MP3 음원 파일 공유 사이트로 당시 사람들 사이에 돌풍을 몰고 왔습니다. 냅스터의 MP3 음원 공유 원리는 다음과 같습니다. 우선 사용자가 냅스터에 가입하고 관련 프로그램을 다운로드해 자신의 PC에 설치합니다. 그러면 프로그램이 PC에 저장된 MP3 음원 파일들의 정보를 냅스터 사이트에 등록해 누구나 검색할 수 있는 기능을 제공합니다.

사용자가 냅스터 검색을 통해 다운로드하고자 하는 음원을 선택하면 해당 음원이 저장된 PC와 사용자의 PC를 설치된 냅스터 프로그램이 직접 연결하는 방식이었습니다. 중앙에 있는 냅스터 서버에 음원을 모아서 저장해놓지 않았던 것입니다. 이런 방식으로 냅스터는 음원을 직접 배포하지 않았다는 논리로 저작권 침해 고소에 대응했으나 결국 패소해서 2001년 7월에 문을 닫은 비운의 사이트입니다. 하지만 냅스터가 세상에 선보인 온라인 음원 제공 서비스는 이후 애플이 음원 서비스를 시작하면서 음반 업계에서 거스를 수 없는 대세가 되었고, 지금은 **스포티파이**Spotify가 전 세계 1위 음원 사이트로 활약하고 있습니다.

미국에 냅스터가 있었다면 우리나라에는 2000년에 서비스를 시작한 소리바다가 있습니다. 당시 MP3 음원의 인기는 우리나라에서도 대단했습니다. 특히 청소년들 사이에서 대단히 인기 있었습니다. 냅스터에는 우리나라 가요가 없었기에 국내 가요 음원을 찾으려면 소리바다에 접속해야 했습니다. 아마 여러분 중에서도 소리바다에서 음악을 다운로드해본 기억이 있는 분이 있을 것입니다. 소리바다도 냅스터와 비슷하게 소송에 휘말려 서비스를 중지했습니다. 이후 저작권 이슈를 피하기 위해 다양한 노력을 했고 지금도 서비스 명맥을 유지하고 있으나 유료 음원 스트리밍 서비스에 밀려 인기를 잃었습니다.

냅스터에서 시작한 P2P 거래 방식은 이후 다양한 분야로 확산되어 지금의 당근마켓에서의 거래 방식으로 발전했을 뿐만 아니라 암호화폐 분야에서 블록체인을 기반으로 한 분산 거래의 한 형태로 발전하고 있습니다.

당근마켓은 어떻게 내 동네를 인식할까

당근마켓 앱을 실행하면 현재 내가 살고 있는 동네를 인증하라고 합니다. 스마트폰에서 내 위치를 파악해서 당근마켓에 등록하는 것입니다. 현재 있는 위치를 인식하기 때문에 살고 있는 동네를 거짓으로 등록할 수 없습니다. 이런 면이 당근마켓에 중고 거래 전문 업자가 아닌 일반 사용자들의 참여를 더욱 증가하게 만듭니다. 스마트폰에서 현재 위치를 파악하는 기능을 **GPS**^{Global Positioning System}라고 부릅니다. 지도 앱에서 사용하고 내비게이션 앱에서도 사용하는 기능입니다. 포켓몬고^{PokémonGO} 게임 앱에서도 GPS를 사용합니다.

그럼 GPS란 무엇일까요? GPS는 원래 미국에서 군사용으로 기획한 시스템입니다. 1978년부터 위성을 쏘아 올리기 시작해 현재 고도 2만km에 위치한 31개의 위성들로 이루어진 시스템입니다. 그럼 GPS는 어떻게 내가 있는 현재 위치를 알 수 있게 해주는 것일까요? 31개의 GPS 위성은 지상으로 자신의 위치 정보와 시간 정보를 실시간으로 내려보냅니다. 이를 수신한 스마트폰은 수신한 시간 정보와 스마트폰의 시간 정보를 비교해서 계산한 시간 차이를 기준으로 정보를 전송한 위성까지의 거리를 알아낼 수 있습니다. 따라서 스마트폰에서 GPS 위성 하나로부터 정보를 수신하면 자신의 스마트폰과 정보를 보낸 위성 사이의 거리만을 파악할 수 있게 됩니다.

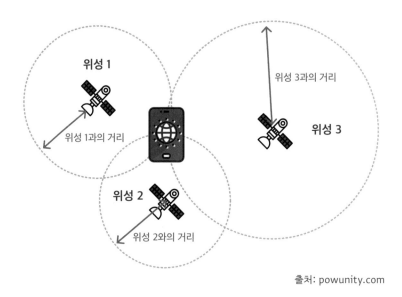

그림 2-4 GPS 위성으로부터 신호 수신

위성 1

위성 1과의 거리

위성 3과의 거리

위성 3

위성 2

위성 2와의 거리

출처: powunity.com

이 상황에서는 자신의 정확한 위치를 파악할 수 없습니다. 그
저 그림 2-4처럼 위성으로부터의 거리(원으로 표현된 위치)만 파악
할 수 있습니다. 따라서 하나의 GPS 위성 정보만 수신해서는 자
신의 위치 파악이 불가능합니다. 그렇다면 2개의 GPS 위성으로부
터 정보를 수신하면 어떻게 될까요?

2개의 GPS 위성으로부터 정보를 수신하면 자신의 위치를 좀
더 구체적으로 알 수 있지만 여전히 정확한 위치는 알 수 없습니
다. 그렇다면 3개의 위성으로부터 신호를 수신하게 되면 어떻게
될까요?

3개의 GPS 위성으로부터의 거리를 정확하게 알면 그림 2-4 같이 현재 스마트폰의 위치를 파악할 수 있게 됩니다. 따라서 스마트폰이 GPS 위성을 이용해 위치를 정확히 파악하려면 최소한 3개 이상의 GPS 위성으로부터 신호를 수신할 수 있어야 합니다. 정상적인 경우는 최대 6개의 위성으로부터 신호를 수신해 위치를 파악합니다. 그래서 가끔 높은 빌딩 사이나 실내에서 스마트폰이 위치를 정확히 파악하지 못하는 경우가 발생하는 것입니다. 물론 이런 경우에도 스마트폰은 와이파이 신호 또는 이동 통신 신호를 기반으로 GPS만큼 정확하지는 않지만 대략적인 위치 파악은 가능하기도 합니다.

GPS는 미국이 발사한 위성들로 구성된 위성 항법 시스템의 고유 이름입니다. 그리고 원한다면 미국은 다른 나라의 GPS 사용을 일순간에 막을 수 있습니다. 이 때문에 러시아는 자체적인 위성을 발사해 위성 항법 시스템을 구축했습니다. 이를 **글로나스**Global Navigation Satellite System, GLONASS라고 합니다. 24개의 위성으로 구성되어 있으며 GPS와 같이 지구 전체 영역에 서비스를 제공하고 있습니다.

중국과 EU도 독자적인 위성 항법 시스템을 가지고 있으며 일본과 인도의 경우 해당 국가 중심의 지역 위성 항법 체계를 가지고 있습니다. 우리나라도 2035년 운영을 목표로 KPS라는 이름의 지역 위성 항법 체계를 개발 중이라고 합니다.

당근마켓은 위치 기반 서비스입니다

당근마켓과 같이 GPS 위치 정보를 기반으로 하는 서비스를 **위치 기반 서비스**^{Location Based Service, LBS}라고 합니다. 위치 기반 서비스는 GPS와 스마트폰 기술의 등장을 배경으로 탄생했으며 사용자의 현재 위치에 따라 적절한 내용을 제공하는 서비스입니다. 물론 꼭 GPS 신호가 있어야만 위치 기반 서비스를 사용할 수 있는 것은 아닙니다. 우리가 수신하는 와이파이 신호 또는 5G 신호에도 GPS만큼의 정밀도는 아니지만 위치 정보가 포함되어 있습니다. 따라서 실내에서도 위치 기반 서비스를 사용할 수 있습니다. 하지만 위치 기반 서비스는 정확한 위치 정보가 필요하기에 대부분 GPS 신호가 필요합니다.

위치 기반 서비스는 사용자의 위치를 중심으로 서비스를 제공합니다. 우리가 가장 많이 접하는 것이 내비게이션 또는 지도 서비스입니다. 현재 위치에 따라 다양한 정보를 제공하는데, 근처 맛집을 알려주는 서비스도 있고 가까운 곳의 주유소 중 저렴한 주유소를 알려주는 서비스도 있습니다.

그리고 채팅 앱 중에서 사용자 위치를 기준으로 가까운 상대와의 채팅을 연결하는 앱들도 있습니다. 최근에 Z세대를 중심으로 인기를 얻고 있다는 **젠리**^{Zenly}도 그런 서비스입니다. 그리고 스마트폰에는 사용자의 방문 위치 정보를 지속적으로 기록하고 저장했다가 향후 같은 장소를 방문했을 때 이를 기반으로 여러 가지

정보를 사용자에게 제공하는 기능도 있습니다.

위치 기반 서비스는 미래에 더욱 다양한 분야로 확장될 것입니다. 대표적인 활용 분야는 자율주행 자동차 기술입니다. 자율주행 자동차는 기본적으로 자신의 위치를 파악하고 주행합니다. 따라서 미래에는 자율주행 자동차가 스스로 주변의 여러 정보를 분석해 사람들에게 제공할 것입니다. 예를 들어 지방을 내려가는 도중에 점심시간이 되면 자율주행 자동차가 근처 맛집을 제안하거나, 승객이 원하면 맛집까지 이동하거나, 근처 유명 관광지 등을 추천하는 일 등이 가능할 것입니다.

당근마켓이 수익을 내는 방법

당근마켓 앱은 무료로 다운로드가 가능합니다. 그리고 무료로 거래할 물건을 등록할 수 있습니다. 원하는 물건이 있으면 판매자와 직접 만나서 거래를 하니 수수료도 없습니다. 그러면 당근마켓은 어떻게 수익을 내는 걸까요? 어떻게 돈을 구해서 앱을 개발하고 시스템을 운영하는 것일까요? 해답은 광고입니다. 물론 충분한 수익이 발생하기 전까지는 투자 유치를 통해 운영자금을 확보해야 합니다.

인터넷 초창기부터 인터넷 서비스의 수익 모델을 만드는 건 서비스 기업에 항상 중요한 숙제였습니다. 유료 서비스를 제공하면 사람들이 가입을 안 하고, 무료 서비스는 수익이 없으면 서비스를 지속하기 어려우니까요. 당근마켓은 위치 기반 서비스를 이용해 지역 사회와 관련성이 높은 광고를 제공하고 광고 수수료를 이익으로 취합니다. 무료 앱이나 무료 인터넷 서비스를 제공하면서 수익을 만드는 방법은 이 밖에도 여러 가지가 있습니다. 무료 서비스의 수익 모델에 대해서는 다음 기회에 알아보겠습니다.

당근마켓 하나만 봐도 참 많은 IT 기술이 관련되어 있습니다. 그리고 그 기술들 하나하나가 나름대로 오랜 역사와 이야기를 가지고 있습니다. 이러한 점이 일상 속의 IT 기술들을 알아야 할 이유가 아닐까요?

온라인 커뮤니티 서비스의 역사

당근마켓, 중고나라 등은 서비스 분류에 따르면 온라인 커뮤니티 서비스에 해당합니다. 그리고 온라인 커뮤니티 서비스는 여러분의 생각보다 훨씬 오래된 역사를 가지고 있습니다.

컴퓨터와 네트워크를 이용한 온라인 커뮤니티 서비스의 역사는 컴퓨터를 이용해 처음으로 채팅을 시작한 1973년으로 거슬러 올라갑니다. 이후 특정 주제에 관심이 많은 사람을 위한 메일링 서비스—지금도 특정 사이트에 가입하고 메일 수신 동의를 하면 정기적으로 메일을 보내주지요—가 1975년에 시작되었습니다. 1978년에는 우리가 지금도 사용하는 **게시판 서비스**Bulletin Board System, BBS가 시작되었습니다. 포털의 카페 서비스가 게시판 서비스의 사례라고 할 수 있습니다. 하지만 1994년 이전까지는 웹 기술이 보급되기 전이었기에 별도의 프로그램을 설치해야 했으며 인터넷을 사용하기도 까다로워 IT 전문가들 사이에서만 사용되는 서비스에 머물렀습니다.

그러다가 1994년에 웹 기술이 개발되면서 인터넷과 웹 기반의 커뮤니티 서비스가 탄생합니다. 그리고 1995년에 최초의 소셜네트워크 서비스의 성격을 가진 **클래스메이트닷컴**classmates.com 서비스가 등장했고 2002년에는 좀 더 소셜네트워크의 성격이 강화된 **프렌드스터**Friendster 서비스가 나왔습니다. 페이스북의 창업자 마크 저커버그Mark Zuckerberg(1984~)도 청소년 시절에 프렌드스터 서비스의 사용자였다고 합니다.

국내 인터넷 커뮤니티 서비스는 대부분의 인터넷 서비스가 그렇듯 미국에서 출범한 서비스를 모방하는 방식으로 등장했습니다. 1990년대까지는 PC 통신 기반의 온라인 커뮤니티가 채팅, BBS 등으로 제공되었습니다. 2000년대 이후에는 인터넷 커뮤니티 서비스가 국내에서도 인기를 얻었는데, 지금의 다음과 네이버 이외에 1999년에 시작한 **프리챌**Freechal 서비스는 1,000만 명이 넘는 회원과 100만 개가 넘는 커뮤니티가 있었습니다. 무료 서비스의 한계를 극복하고자 2002년 11월에 유료 서비스로 전환했지만 실패해 결국 2013년 서비스를 종료했습니다. 1,000만 명이 넘는 사용자는 당시 여전히 무료 서비스를 제공하던 다음과 네이버로 옮겨 갔습니다.

우리나라 인터넷 사용자들이 페이스북의 엄청난 성공을 보면 바로 생각나는 커뮤니티(혹은 세계 최초의 소셜네트워크 서비스)가 있습니다. 바로 SK 그룹이 운영하던 **싸이월드**^{Cyworld}지요. 1999년에 싸이월드가 서비스를 시작하고 2001년 미니홈피 서비스를 제공하면서 많은 사용자의 인기를 얻었으며 2009년에 네이트와 통합하면서 최고의 전성기를 누렸습니다. 2007년 10월 19일, 전 세계에 전달되는 미국의 뉴스 전문 방송 CNN은 싸이월드를 한국의 앞서가는 IT 문화 중 하나로 소개하기도 했습니다. 만약 싸이월드가 세계 진출에 성공했다면 지금 전 세계 사람들은 페이스북이 아닌 싸이월드를 통해 공감하며 교류하고 있을지도 모릅니다. 최근 우여곡절 끝에 싸이월드가 재오픈을 하면서 오래전 등록한 사진들을 조회할 수 있다고 합니다. 자신의 청춘 시절이 기록된 사진들을 싸이월드에서 오랜만에 접하고 추억에 잠긴 분들도 있을 것입니다.

데이터센터는
어떤 곳일까

아마존, 구글, 마이크로소프트, 페이스북, 넷플릭스 등 글로벌 IT 기업은 물론 네이버, 카카오, 쿠팡 등 국내 IT 기업들의 공통점은 무엇일까요? 엄청난 수의 사용자를 대상으로 인터넷을 통해 다양한 서비스를 제공하고 있다는 것입니다. 스마트폰으로 서비스를 이용하든 PC를 이용하든 사용자에게 서비스를 제공하려면 대규모의 컴퓨터 시스템과 데이터 저장소가 필요합니다. IT 기업에 꼭 필요한 이것을 IT 인프라라고 부릅니다. 그렇다면 대규모 IT 인프라의 운영 및 관리는 어떻게 할까요? 1년 365일, 하루 24시간 내내 서비스를 제공하려면 어떤 기술이 필요할까요?

대규모 IT 인프라를 설치하고 운영 및 관리 서비스를 제공하는 핵심 시설이 바로 데이터센터입니다. 공상과학영화에서 넓고 어두운 공간에 불빛이 반짝이는 수많은 컴퓨터가 모여 있는 장면이 자주 등장하지요? 이 장면이 데이터센터의 상징적인 이미지입니다. 데이터센터는 컴퓨터 시스템을 한곳에 모아 설치할 수 있는 공간을 제공합니다. 그리고 안정적인 시스템 운영을 위한 환경을 갖추어놓고 있으며 1년 365일 기술 지원 인력이 상주하면서 서비스를 제공하고 있습니다. 그래서 중단 없는 IT 서비스를 제공하고자 하는 기업들에는 없어서는 안 되는 시설입니다. 그럼 데이터센터에 대해 좀 더 알아볼까요?

데이터센터의 역사

1990년대 중반 이전까지 기업이나 정부에서는 사용하고 있는 컴퓨터 시스템을 사무실과 같은 건물의 일부 공간에 설치해 사용하는 경우가 일반적이었습니다. 1990년대 후반 이후 인터넷의 활용이 확산되고 다양한 인터넷과 웹 기반 서비스를 제공하는 벤처 기업 및 포털 등이 성장하면서 대규모의 컴퓨터 시스템이 필요해졌습니다. 그러나 벤처 기업이 이러한 대규모의 컴퓨터 시스템 운영에 대한 노하우와 역량을 갖추기는 어려운 상황이었습니다. 이를 위해 컴퓨터 시스템과 네트워크를 하나의 건물에 설치한 뒤 관리 서비스를 제공하는 전문 기업이 나타났습니다. 이를 **인터넷**

데이터센터Internet Data Center, IDC라고 합니다.

이후 2000년대에는 인터넷 쇼핑몰, 검색엔진, 포털 등 거대 인터넷 기업들이 자신들의 IT 인프라만을 전문적으로 운영하기 위한 전용 데이터센터 건립에 나서면서 데이터센터 건립 붐이 일어납니다. 그리고 대기업 그룹에서도 계열사의 IT 인프라 운영을 위

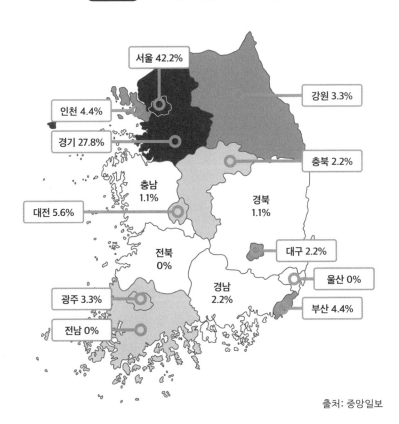

그림 2-5 국내 데이터센터 분포 현황(빈산)

서울 42.2%

강원 3.3%

인천 4.4%

경기 27.8%

충북 2.2%

충남 1.1%

경북 1.1%

대전 5.6%

전북 0%

대구 2.2%

울산 0%

광주 3.3%

경남 2.2%

부산 4.4%

전남 0%

출처: 중앙일보

한 자체 데이터센터도 구축하기 시작했습니다. 하지만 데이터센터의 본격적인 확장이 일어난 시기는 구글이나 아마존 등 클라우드 서비스를 제공하는 기업들이 전 세계 주요 국가에 클라우드 데이터센터를 구축하기 시작한 2010년 이후입니다.

한국데이터센터연합회에 따르면, 2000년 초반 50여 개였던 국내 데이터센터가 2020년 150개로 늘어났으며 2024년까지 24개의 데이터센터가 추가 건립될 것이라고 합니다. 이제 데이터센터는 인터넷 기업은 물론 제조업, 금융업 같은 전통적인 산업에도 필수적인 시설이 되었습니다.

데이터센터에서 제공하는 서비스

데이터센터에서 제공하는 서비스는 크게 네 가지입니다. 우선 컴퓨터 서버 및 스토리지, 네트워크 장비 등 IT 인프라 설비를 설치하고 정상적으로 작동하도록 유지 관리해주는 서비스입니다. 컴퓨터가 작동하기에 최적의 환경인 온도 21.5℃, 습도 45.5% 기준을 지키고자 매우 엄격하게 관리합니다. 이런 환경을 항온항습 환경이라고 합니다. 일정한 온도와 습도를 유지하려면 많은 에너지가 필요합니다. 그래서 컴퓨터 시스템이 사용하는 전력이 안정적으로 공급되도록 이중화된 전력선을 연결하고 있으며 정전에 대비한 무정전 시스템Uninterruptible Power Supply, UPS과 비상 발전기 등도 설

그림 2-6 배터리(좌), 화재 소화설비(중간), 전력선(우)

출처: 위키피디아

치되어 있습니다.

또한 화재 발생 시 컴퓨터 시스템에 물을 뿌릴 수 없기 때문에 화재 진압을 위해 이산화탄소와 할론 등을 혼합한 특수 가스가 담긴 화재 소화설비도 비치되어 있습니다. 이러한 모든 시설을 갖추고 IT 인프라 운영 서비스를 제공하는 것을 **상면 서비스**라고 합니다. 데이터센터의 공간을 임대해준다는 뜻입니다.

두 번째 서비스는 **네트워크 통신 서비스**입니다. 컴퓨터는 네트워크와 연결되어 있지 않으면 아무런 서비스를 제공할 수 없습니다. 더구나 데이터센터와 같이 엄청난 수의 컴퓨터가 모여 있으면 초고속 네트워크 회선이 있어야 하며 안정적인 유지 관리가 필수입니다. 이를 위해 보통 데이터센터는 다수의 초고속 네트워크 회선을 연결하고 있습니다. 만약 하나의 회선에 장애가 생겨도 서비스가 중단되지 않도록 하려는 것입니다.

세 번째 서비스는 **모니터링 및 운영 서비스**입니다. 365일 중단 없는 서비스 제공을 위해서 IT 전문가들이 데이터센터에 24시간 상주하면서 데이터센터 내 IT 인프라에 대한 운영 상황을 실시간으로 모니터링합니다. 그래서 만약 장애가 발생하면 즉각 조치를 취해 서비스의 중단을 최소화합니다. 그리고 안정적인 데이터 관리를 위해 정기적으로 데이터를 백업해 데이터가 손상되었을 시 이전으로 복구할 수 있도록 관리해줍니다.

마지막으로 **보안 서비스**를 제공합니다. 데이터센터 건물은 외부 침입을 막기 위해 창문이 없습니다. 그리고 출입은 철저히 통제되고 시스템에 접근하는 것은 허락된 인원 이외에는 불가능하도록 관리합니다. 기업의 가장 중요한 자산이라고 할 수 있는 데이터가 저장된 곳이기 때문에 무단으로 컴퓨터 시스템을 조작하지 못하도록 철저한 보안 관리 서비스를 제공하고 있습니다.

데이터센터 등급

데이터센터에도 마치 호텔과 같이 등급이 있습니다. 데이터센터 등급은 미국 기준에 따라 데이터센터의 설비 수준, 관리 수준 및 보안 등 주요 사항을 기준으로 티어^{Tier}1에서 티어4까지 나눕니다. '전력선 및 설비가 이중화되어 있는가?' '예비 장비가 있는가?' '24시간 운영 지원을 위한 체계가 잘 갖추어져 있는가?' 등에 따

그림 2-7 미국의 데이터센터 등급 구분

구분	티어1	티어2	티어3	티어4
인프라 공급 경로 (전기·기계)	이중화 없음	이중화 없음	상시 경로 + 예비 경로	상시 이중화
예비장비	없음	부분적 예비 장비	부분적 예비 장비	완벽한 예비 장비
풀리석신 분리	없음	없음	없음	없음
동시 유지 보수	불가능	불가능	가능	가능
완전 무중단	불가능	불가능	불가능	가능
가용성	99.67%	99.74%	99.98%	99.995%
연간 IT 장비 사고 지속시간	28.8시간	22.0시간	1.6시간	0.4시간
수요처	일반 인터넷 서비스	•콜센터 •소규모 연구소	상업용 IDC 인터넷 기반 회사 (24시간·7일 서비스)	•금융사 •국가기관 (24시간·7일 Forever 서비스)

출처: uptimeinstitute.com

라 등급을 나눌 수 있습니다. 그리고 24시간 중단 없는 서비스를 제공하기 위해서는 등급이 높은 데이터센터를 사용해야 합니다. 당연히 등급이 높은 데이터센터는 비용도 비쌉니다. 티어1이 가장 낮은 등급의 데이터센터이며 티어4가 최고 등급의 데이터센터입니다. 티어별 차이점은 그림 2-7과 같습니다.

데이터센터의 발전 방향

데이터센터는 많은 에너지를 사용하는 시설입니다. 대규모의 컴퓨터 시스템이 소비하는 전력은 물론 항온항습을 위해서도 많은 전력을 필요로 합니다. 따라서 최근 데이터센터의 발전 방향은 친환경 데이터센터를 추구하고 있습니다. 가능한 한 신재생에너지(태양광 및 풍력 등)를 사용하고 입지 조건을 잘 선정해 항온항습에 필요한 전력을 최소화하는 등의 노력을 합니다.

그림 2-8과 같이 데이터센터의 전체 전력 사용량 중 항온항습에 전력을 43%나 사용하고 있으니 이를 절감할 수만 있어도 대단한 것입니다. 그래서 북쪽에 위치한 추운 지역이 데이터센터의 건립 후보지로 각광받고 있는데, 유럽에서는 아이슬란드가 인기 지역이라고 합니다. 페이스북은 데이터센터를 북극과 가까운 스웨덴 북쪽에 건설했고 마이크로소프트는 기발하게 바닷속에 데이터센터를 구축하는 것을 실험하고 있습니다. 나티크 프로젝트 Project Natick라고 하는데 스코틀랜드 오크니섬 인근 바다의 수심 35m 밑 암반에 물이 스며들지 않는 금속 재질의 컨테이너 안에 서버 864대를 포함하는 데이터센터를 구축하는 실험입니다. 바

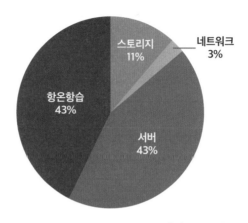

그림 2-8 데이터센터의 분야별 전력 소비 비율

스토리지
11%

네트워크
3%

항온항습
43%

서버
43%

출처: energyinnovation.org

닷속은 온도가 낮아 냉각 문제를 해결할 수 있기 때문입니다.

미래의 데이터센터는 규모가 점점 더 커질 전망입니다. 클라우드 서비스의 확산 및 인공지능, 모바일, 빅데이터 등을 활용하는 기업의 수가 점점 더 증가하면서 데이터센터의 수요가 늘어날 텐데 규모가 클수록 기업 간 경쟁에서 유리하기 때문입니다. 이러한 초대형 데이터센터를 **하이퍼스케일**Hyperscale **데이터센터**라고 합니다.

또한 지금까지는 24시간 상주하는 IT 전문가의 지원을 필요로 했으나 발달하는 인공지능 기술을 활용해 데이터센터의 운영 및 지원 부분에 자동화를 점점 더 적용하기 시작했습니다. IT 전문 연구기관인 IDC에 의하면 데이터센터를 운영하는 기업의 90%

는 완전 자율형 데이터센터를 계획하고 있다고 합니다. 마치 자율
주행 자동차처럼 데이터센터가 인공지능 기능으로 자율 운영되는
것입니다.

데이터센터에서 관리하는 IT 인프라는 무엇인가요

IT 기사나 글에서 IT 인프라라는 말을 자주 봅니다. 'IT 서비스를
제공하기 위한 기반 시설'로 이해하면 될 것입니다. 그렇다면 데이
터센터에서 운영하고 관리하는 IT 인프라 관리 항목은 무엇인지
알아보겠습니다.

- **스토리지 관리:** 데이터센터에는 막대한 양의 데이터가 저장되
  어 있습니다. 이러한 데이터는 다양한 스토리지 장치(대량의 하
  드디스크 또는 SSD로 구성된 데이터 저장 장치) 내에 저장되는데
  이들 스토리지에 대한 운영 관리 및 백업 등을 제공합니다.
- **데이터베이스 관리:** 사용자의 데이터는 스토리지 하드웨어라
  는 물리적인 장치 내에 저장되며 데이터베이스 프로그램에 의해
  운영됩니다. 이러한 데이터베이스 시스템에 대한 관리 서비스를
  제공합니다.

- **네트워크 관리:** 데이터센터 외부와 연결된 네트워크는 물론 데이터센터 내부에 설치된 복잡한 네트워크의 관련 장비 및 회선을 관리합니다.
- **서버 관리:** IT 서비스를 제공하기 위한 컴퓨터 시스템 본체를 서버라고 합니다. 서버는 윈도우나 리눅스 운영체제를 사용하는 고성능 컴퓨터이며 이들을 안정적으로 운영할 수 있도록 서비스를 지원합니다.
- **서버 프로비저닝:** 서버는 내부에 다양한 서비스들이 운영되고 있습니다. 이러한 서비스의 운영을 위해 서버 내부의 설정값과 운영 환경을 관리하는 서비스입니다.
- **보안 관리:** 데이터센터에 연결된 네트워크를 통한 외부 침입 및 내부 정보 유출 등을 방지하기 위한 보안 관리 서비스를 제공합니다.
- **응용프로그램 관리:** 사용자에게 IT 서비스를 제공하는 핵심인 응용프로그램의 운영 및 상태를 관리합니다.
- **시스템 모니터링 및 관제:** 24시간 데이터센터 내의 모든 IT 인프라에 대한 운영 상황을 감시하고 조치가 필요한 경우 관련 인원에게 즉시 알림 서비스를 제공합니다.

PART 3

엔터테인먼트와 IT

나보다 나를 더 잘 아는
넷플릭스와 스포티파이

최근 몇 년간 코로나 방역 정책의 하나인 사회적 거리두기 때문에 집에만 머물러야 했던 시간이 길었습니다. 아마도 우리가 집 안에서 시간을 보내기에 **넷플릭스**^{Netflix}를 보는 것만 한 시간 때우기도 없을 것입니다. 매주 새로운 콘텐츠가 올라오고 이미 올라와 있는 콘텐츠의 양도 어마어마하게 많아서 평생 다 보기도 힘듭니다. 만약 이번 주에 올라온 새로운 콘텐츠를 보기 위해 넷플릭스에 들어가면 첫 화면에서 프로필을 선택해야 합니다. 가족이면 식구별로 프로필이 있을 것이고 친구들과 공유하는 계정이라면 친구들별로 프로필이 있을 것입니다. 저도 친한 동료들과 넷플릭스 계정을 공유하고 있습니다. 왜 프로필을 구분해서 관리할까요?

일단 넷플릭스에 접속했을 때 초기 화면에 추천되는 콘텐츠의 내용이 프로필별로 다릅니다. 그리고 각자 현재 보고 있는 콘텐츠가 서로 다르니 시청 중인 콘텐츠의 내용도 물론 다릅니다.

그냥 다르기만 한 것이 아닙니다. 넷플릭스가 오랜 시간 공들여 연구하고 개발한 추천 시스템에 의해 개인별로 각각 다른 콘텐츠를 추천받아 나타난 결과입니다. 이는 프로필 소유자의 평소 콘텐츠 시청 성향과 평가 점수 등에 기반한 것입니다. 이런 기능을 **개인화 서비스**라고 합니다. 최근의 이런 개인화 서비스의 기반에는 인공지능 기술이 있습니다. 발전하는 인공지능이 이젠 나보다 나를 더 잘 알고 내가 좋아할 것도 미리 알아서 골라주는 것입니다. 좀 더 자세히 알아볼까요?

넷플릭스 콘텐츠 추천 시스템의 원리

넷플릭스는 사용자의 정보가 저장된 프로필 기반의 서비스입니다. 기본적으로 1개의 프로필은 1명의 사용자라고 가정합니다. 따라서 하나의 프로필로 접속해 활동한 모든 콘텐츠 시청 기록은 넷플릭스 서버에 저장되고 분석됩니다. 이때 해당 사용자가 시청한 콘텐츠의 장르, 카테고리, 배우, 출시 연도 등 관련 정보를 함께 분석합니다. 또한 시청한 콘텐츠 중 사용자가 '좋아요' 추천을 한 콘텐츠는 우선적인 선호도로 분류해 향후 새로운 콘텐츠 추천

시 반영합니다.

또한 우선적인 선호도로 분류한 콘텐츠가 나와 비슷한 사용자가 있다면 해당 사용자의 추천 리스트에 있는 다른 콘텐츠도 내가 좋아할 가능성이 높은 콘텐츠로 분류합니다. 이 외에 하루 중시청 시간대, 넷플릭스를 시청하는 디바이스 정보(TV인지 스마트폰인지 컴퓨터인지 등), 평균 시청 시간 등의 정보도 사용자에게 최적의 콘텐츠를 추천하는 데이터로 활용합니다. 이렇게 수집된 데이터를 **머신러닝** 기반의 인공지능 시스템이 분석해 해당 사용자가다시 로그인할 때 새로운 추천 콘텐츠를 보여줍니다.

그러면 왜 이렇게 인공지능 시스템을 개발하면서까지 추천 시스템에 집중하는 것일까요? 넷플릭스에서 평균적으로 사용자가시청하는 영화의 2/3가 추천에 의한 시청이라고 합니다. 그리고아마존에서 판매되는 상품의 35%가 추천에 의해 제안된 상품이라고 합니다. 이렇게 사용자의 공감을 얻는 추천 기능은 해당 서비스의 만족도를 높이는 중요한 포인트가 됩니다. 그렇다면 추천시스템은 어떻게 내가 새로 나온 영화를 좋아할 것이라고 예측해서 추천을 할까요? 좀 더 자세히 알아보겠습니다.

우선 **사용자 기반 협업 필터링**User-based collaborative filtering 방식은많은 사용자로부터 수집한 사용자별 콘텐츠 취향 정보들을 기반으로 인공지능 시스템이 사용자의 선호도를 예측하는 기술을 말합니다. 사용자 기반 협업 필터링은 A 사용자의 영화 선호도를 분석한 결과가 B 사용자와 유사하다고 파악되었다면, 새로 나온 영

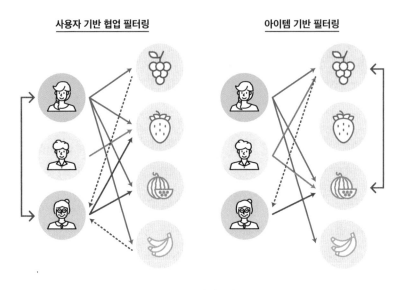

사용자 기반 협업 필터링　　　　　　　**아이템 기반 필터링**

◄------ : 추천 콘텐츠

출처: medium.com

화에 대해 A 사용자가 '좋아요' 추천을 한 경우 선호도가 비슷한 B 사용자도 선호할 확률이 높을 것이라고 추측합니다. 즉 전 세계 넷플릭스 사용자의 취향을 분석해 선호도가 비슷한 사용자 그룹을 형성하고 그룹별로 새로운 콘텐츠를 추천하는 시스템입니다. 사용자 기반 협업 필터링 방식은 사용자가 많아질수록, 사용자의 콘텐츠 사용 데이터가 축적될수록 정확도가 높아집니다. 하지만 대중적이지 않은 취향을 가진 소수의 사용자에게는 적절한

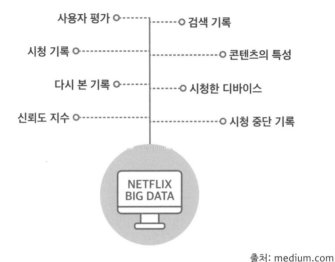

그림 3-2 넷플릭스의 추천 시스템

사용자 평가 ○------- ○ 검색 기록

시청 기록 ○------- ○ 콘텐츠의 특성

다시 본 기록 ○------- ○ 시청한 디바이스

신뢰도 지수 ○------- ○ 시청 중단 기록

NETFLIX
BIG DATA

출처: medium.com

추천이 어려울 수 있습니다.

　다른 추천 방식으로 **아이템 기반 필터링**Item-based filtering **방식**이 있습니다. 이는 사용자가 평소에 보는 영화들의 특성을 분석한 뒤 새로 나온 영화 중에 비슷한 특성을 가진 영화가 있으면 이 영화를 사용자에게 추천하는 방식입니다. 예를 들면 내가 영화 〈매트릭스〉를 여러 번 보았고 영화 〈클라우드 아틀라스Cloud Atlas〉를 '좋아요' 추천을 했다면, 넷플릭스에서는 내가 더 워쇼스키스The Wachowskis의 작품을 좋아한다고 판단하고 더 워쇼스키스의 다른 작품인 〈센스8Sense8〉을 추천하는 것입니다. 이 방식은 다른 사용자의 데이터가 필요하지 않기 때문에 사용자의 수가 많지 않아도 개별 사용자가 시청한 콘텐츠 분석을 통해 추천을 할 수 있습니다. 또한 특별한 영화만 시청하는 성향이 있는 소수의 사용자를 위한 추천도 가능합니다.

스포티파이의 오늘의 음악 추천

영화 및 드라마 등 동영상 콘텐츠 서비스 분야에 넷플릭스가 있다면 음원 콘텐츠 분야에서는 **스포티파이**가 있습니다. 스포티파이는 2008년에 스웨덴의 **대니얼 에크**Daniel Ek(1983~)가 시작한 전 세계 최대 규모의 음원 스트리밍 서비스입니다. 전 세계에 3억 5,000만 명에 가까운 사용자가 있으며 유료 사용자인 프리미엄 사용자의 수만 해도 1억 5,000만 명이 넘습니다. 2021년 기준으로 스포티파이의 기업 가치는 56조 원 이상입니다.

음원 서비스는 애플이 먼저 시작했습니다. 애플은 2003년 **아이튠즈**iTuens를 통해 음원을 판매하기 시작했으니까요. 그리고 본격적인 음원 스트리밍 서비스인 **애플 뮤직**Apple Music을 2015년에 시작했습니다. 진출한 분야마다 1위를 하는 애플인데 어떻게 스포티파이는 애플을 넘어 음원 스트리밍 세계 1위 자리를 차지하고 있을까요?

그 이유는 뛰어난 음악 추천 시스템을 갖추고 있기 때문입니다.

이 추천 시스템은 정말 기가 막히게 작동합니다. '나만의 플레이리스트'라는 서비스는 새로운 음악 리스트를 만들어서 사용자별로 정기적으로 제공하는데, 여기에 담긴 음악이 처음 듣는 노래인데도 자신의 취향에 딱 맞는 음악이라 다들 놀란다고 합니다. "어쩌면 그렇게 귀신같이 내 취향인 곡들을 꼭 집어내는지 신기하다"라는 반응이 나온다고 합니다.

영화나 음악은 개인의 취향이 뚜렷한 콘텐츠입니다. 스포티파이에서는 사용자 데이터의 수집과 분석 연구에 많은 투자를 하고 있습니다. 또한 데이터 활용 기술을 가진 기업들을 꾸준히 인수하고 있습니다. 2013년에 운동을 하거나 여행을 떠나는 상황에 어울리는 재생 목록을 선별해주는 기업인 투니고Tunigo를 인수했고, 2018년에는 음악별 메타데이터를 수집해 콘텐츠 제작자와 사업자가 자동으로 음악 저작권료를 지불하게 해주는 서비스를 제공하는 루드르Loudr를 인수했습니다. 또한 정교한 날씨 데이터를 수집해 날씨 상황까지 음악 추천에 반영하려고 아큐웨더AccuWeather와 제휴를 하기도 했습니다.

추천 시스템을 구성하는 기능은 넷플릭스와 유사합니다. 사용자들의 선호도를 분석하고 선호도가 유사한 사용자들을 그룹화한 뒤 해당 그룹의 사용자들이 좋아하는 음악을 그룹 내 다른 사용자에게도 추천하는 방식입니다. 그런데 음악은 항상 같은 장르만 들으면 싫증이 날 수도 있기에 가끔씩은 새로운 장르의 음악을 슬쩍 추천하기도 한답니다. 일종의 모험인 셈이지요. 이 모험을 통해 사용자는 자신이 접하지 못했던 새로운 장르나 아티스트에 눈을 뜨게(귀가 열리게) 될 수도 있습니다.

추천 시스템의 원조, 아마존

현재 세계 최고의 인터넷 쇼핑몰은 미국의 아마존입니다. 2021년 6월 기준으로 세계 기업 시가총액 순위 4위에 해당합니다. 우리나라의 최고 기업인 삼성 시가총액의 무려 3배가 넘는 가치입니다. 1994년에 인터넷에서 책을 팔겠다는 생각으로 시작한 회사가 어떻게 이렇게 성장할 수 있었는가에 대해 많은 전문가들이 다양한 분석을 내놓았는데 아마존의 뛰어난 추천 시스템이 공통된 의견이었습니다.

아마존은 1996년에 **북 매치**Book match라는 추천 시스템을 처음으로 선보였습니다. 책도 개인의 취향이 많이 반영되는 상품입니다. 고객이 책을 구매한 뒤 평점을 매기도록 해서 개인의 취향을 파악했습니다. 이렇게 쌓인 데이터를 바탕으로 새로 나온 책 중에서 고객이 좋아할 만한 책을 추천하기 시작했습니다. 북 매치 서비스를 제공한 후부터 눈에 띄는 매출 증대가 일어났습니다.

아마존은 여기서 얻은 경험을 바탕으로 아마존에서 취급하는 상품의 종류를 늘리며 추천 시스템도 다양한 상품으로 확대하기 시작했습니다. 예를 들면 MP3 플레이어를 구매한 사람은 이어폰

그림 3-3 아마존의 개인화된 초기 화면

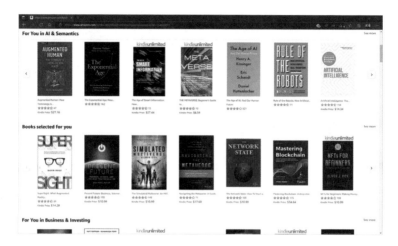

출처: 아마존

을 구입할 가능성이 높다는 분석 결과가 나오면 MP3 플레이어를 구매한 고객에게 이어폰 신상품을 추천하는 것입니다. 이러한 데 이터를 대규모로 누적하면 사용자별로 맞춤 추천의 정확도가 높아지게 되는 것입니다. 넷플릭스나 스포티파이도 결국 이런 아마존의 추천 시스템을 많이 참고하지 않았을까요? 그림 3-3은 아마존에 있는 저의 개인 추천 페이지 화면입니다.

추천 시스템은 책, 음악, 영상 같은 디지털 콘텐츠에 가장 적합한 서비스이지만 의류나 식품 및 기타 제품 분야에서도 응용할 수 있습니다. 인공지능에 기반한 의상 디자인 추천이나 개인의 건강 정보를 기반으로 한 건강보조식품 추천 시스템 등이 가능한 사례들입니다. 미래에는 다양한 추천 시스템이 우리에게 "오늘은 이것이 어떤가요?"라는 제안을 하게 될 것입니다.

빅데이터가 무엇인가요

넷플릭스, 스포티파이, 아마존은 모두 뛰어난 데이터 분석 및 인공지능 추천 시스템을 가지고 있지만 공통적으로 신뢰도가 높은 대규모의 데이터가 없으면 무용지물입니다. 데이터가 있어야 분석이 가능하고 양질의 데이터가 많을수록 더 정확한 추천이 가능하다는 점은 모든 추천 시스템의 공통적인 사항입니다. 스마트폰이 일상화된 지금, 매일매일 우리는 사실 엄청난 양의 데이터를 만들어내고 있습니다. 아래 세 가지 통계를 한번 볼까요?

우선 2020년 기준으로 우리는 매초 1.7MB(메가바이트)의 데이터를 만들어내고 있습니다. 그리고 2020년 7월 기준으로 전 세계에 48억 명의 인터넷 사용자가 있습니다. 마지막으로 2025년이면 하루에 전 세계에서 생성되는 데이터의 양이 463EB(엑사바이트)에 달할 것입니다.

1EB는 100만TB(테라바이트)입니다. 실로 어마어마한 양입니다. 어떻게 이렇게 많은 데이터가 하루에 생성되냐고요? 여러분이 스

마트폰으로 사진이나 동영상을 찍어 인스타그램에 올릴 때부터 데이터 생성이 시작되는 것입니다. 스마트폰을 들고 걸어 다녀도 통화를 해도 데이터가 생성되고, 채팅을 하고 검색을 하고 쇼핑을 위해 쇼핑몰을 이용할 때도 데이터가 생성됩니다. 이렇게 생성된 데이터들은 서버로 전달됩니다. 이렇게 다양한 형식을 가지는 엄청난 규모의 데이터를 **빅데이터**라고 부릅니다.

그렇다면 빅데이터와 **데이터베이스**는 어떻게 다른 것인가요? 우리가 데이터베이스라고 부르는 시스템은 오래된 역사를 가지고 있으며 오늘날 정보 시스템에서 데이터를 저장하고 관리하고 사용하기 위한 핵심 시스템이 되었습니다. 대용량의 데이터베이스에는 엄청난 규모의 데이터가 저장되어 있기도 합니다. 예를 들면 우리나라 전 국민의 주민등록정보도 데이터베이스에 저장되어 있습니다.

그러나 데이터베이스는 빅데이터의 규모에서 이야기하는 PB(페타바이트)나 EB 단위를 처리하기에 적합하지 않습니다. 또한 데이터베이스는 사전에 잘 정리된 데이터만을 저장하고 관리합니다. 이런 데이터를 **정형데이터**라고 합니다. 그리고 페이스북의 포스팅, 인스타그램의 동영상, 웹 사이트 방문 기록 등 일정한 형태가 정해지지 않은 데이터를 비정형데이터라고 합니다. 데이터베이스는 이러한 비정형데이터를 처리하기에 적합하지 않습니다. 그런데 오늘날에는 생성되는 엄청난 양의 데이터 대부분이 비정형데이터라는 문제점이 있습니다. 이 문제점을 해결하고자 빅데이터 기술이 등장했습니다.

그렇다면 빅데이터는 엄청난 규모의 비정형데이터를 어떻게 시스템에서 활용할 수 있도록 처리하는 것일까요? 빅데이터 기술은 크게 네 가지로 구분할 수 있습니다. 데이터의 **수집, 처리, 저장, 분석 기술**입니다. 빅데이터를 수집하는 기술은 다양한 디바이스가 생성하는 정보를 데이터로 만들거나 인터넷상에서 데이터를 찾아내는 기술입니다. 처리 기술은 수집된 데이터를 변환하고 저장할 수 있도록 전달하는 기술입니다. 저장 기술은 엄청난 규모의 데이터를 효율적으로 저장하고 빠르게 찾을 수 있도록 하는 기술입니다. 분석 기술은 저장된 데이터를 원하는 목적에 따라 분류하고 데이터 속에서 통찰을 얻는 기술입니다. 빅데이터 기술은 끊임없이 발전하고 있습니다. 그렇다면 왜 모두 빅데이터에 열광하는 것일까요? 바로 무궁무진한 활용 가능성 때문입니다.

매우 다양한 분야에서 빅데이터를 활용하고 있으며 미래에는 빅데이터의 활용 분야가 더 늘어날 것입니다. 의료 분야에서는 코로나 같은 전염병의 영향을 예측하고 예방을 위한 정책 수립을 위해 활용할 수 있습니다. 금융 분야에서는 빅데이터를 이용해 고객의 신용도는 물론 향후 금융 거래 위험성까지도 예측할 수 있습니다. 상품 판매 분야에서는 소비자의 취향을 예측해 상품 매출을 증대할 수 있습니다. 넷플릭스, 스포티파이, 아마존의 사례가 해당됩니다. 교육 분야에서는 학습 평가 및 예측 등에 활용할 수 있으며 여행업에서도 여행객들의 정보를 기반으로 여행 상품을 개발할 수 있습니다. 정치 분야에서 이미 빅데이터 분석은 없면 안 될 기

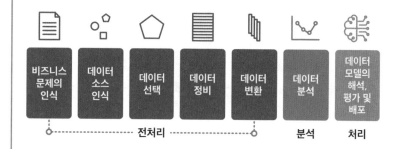

그림 3-4 빅데이터 분석 단계

전처리

분석　처리

출처: blog.sas.com

술이 되었습니다. 앞으로 빅데이터 기술은 인공지능과 결합해 더욱 다양하고 높은 수준의 응용 분야로 확대될 것입니다.

피시파이, 컴퓨터로
음악 듣기

오래전에 방영했던 〈응답하라 1994〉는 큰 인기를 얻은 TV 드라마였습니다. 1994년 당시 서울의 모습과 문화를 보여주어 많은 시청자를 추억에 잠기게 만든 드라마였지요. 그 무렵에는 집마다 대부분 공통적으로 가지고 있었던 전자제품들이 있습니다. 바로 컬러 TV와 비디오카세트 리코더Video Cassette Recorder, VCR입니다. 그리고 오디오 컴포넌트 시스템이 필요했는데, 특히 인켈Inkel이라는 브랜드가 인기가 좋았습니다. 오디오는 신혼부부가 빼놓지 않는 혼수품이기도 했습니다.

그런데 언제부턴가 오디오는 사용되지 않아 집 안 구석에서 먼지만 쌓이는 처지가 되더니 점차 우리 주변에서 사라졌습니다. 음악을 들으려고 CD를 구매하는 일도 없어졌지요. 누군가에게 좋은 음악을 직접 테이프에 녹음해주는 일도 안 하게 되었습니다. 음악을 듣는 건 스마트폰과 이어폰을 사용하는 것으로, 좋아하는 음악을 듣는 건 음원 스트리밍 서비스가 추천하는 리스트를 애용하는 것으로 바뀌었습니다. 기술이 발전하고 시대가 바뀌니 음악 감상과 관련한 문화도 바뀌었지요.

이번에는 음악 매체의 역사와 디지털 기술 활용의 발전 과정을 알아보고 디지털 시대에 좀 더 진지하게 음악을 듣기 위해 알아두면 좋은 내용을 알아보겠습니다.

음악 매체의 역사

1877년 **토머스 에디슨**이 납관을 이용한 **축음기**phonograph를 발명하기 전까지 음악은 연주자가 연주하는 순간에만 존재하는 '시간의 예술'이었습니다.

하지만 에디슨이 소리 진동을 납관에 홈으로 새겨 후에 같은 소리를 다시 들을 수 있는 기술을 개발하면서 소리를 영원히 붙잡아 판매하는 음반 산업이 시작되었습니다. 이후 1880년대 중반에 **에밀 베를리너**Emil Berliner(1851~1929)가 셸락Shellac(동물성 수지의 일종) 혼합물로 이루어진 직경 5인치의 얇고 둥근 원판의 가장자리부터 중심까지 소리골을 나선형으로 기록한 디스크를 개발하면서 본격적인 레코드 산업이 시작되었습니다. 베를리너는 이 장치를 **그라모폰**Gramophone이라 명명했습니다. 그리고 노란색 로고의 클래식 음반 회사로 지금도 유명한 **도이치 그라모폰**Deutsche Grammophon을 1989년에 설립합니다. 도이치 그라모폰이 설립된 후 음반 산업은 크게 성장합니다.

녹음 방식은 음성 신호가 진동판을 떨리게 하면, 이 진동이 바늘로 전달되면서 물결 모양의 소리골이 매체 위에 새겨지는 방식입니다. 반대로 소리를 재생할 때는 바늘이 새겨진 소리골을 타고 이동하면서 흔들리는 떨림이 다시 진동판으로 전달되어 녹음된 소리를 재현하는 것입니다. 이런 과정으로 담아내고자 하는 음악의 원래 진동과 동일한 형태로 신호를 기록한다고 해서 아날로그Analog 녹음 방식이라고 부릅니다.

1948년에 미국의 컬럼비아 음반사Columbia Records는 1분에 33과 1/3회전을 하는 **LP**Long Play 음반 기술을 발명합니다. 이때 발명한 LP 음반 기술이 아날로그 LP 음반의 모태입니다. 하지만 당시에는 녹음이 한 채널만 가능한 **모노**Mono 방식이었습니다. 이후 여러 회사에서 사람의 두 귀에 각각 다른 마이크에서 녹음한 소리를 들려주면 마치 현장에서 느끼는 것과 같은 입체 음향이 가능하다는 원리를 이용한 **스테레오**Stereo 녹음 기술 개발에 뛰어들었습니다. 1940년 11월에 개봉한 **월트 디즈니**The WALT DISNEY Company의 만화 영화 〈판타지아Fantasia〉는 최초로 스테레오 사운드를 활용한 영화였습니다. 그리고 1958년에 지금 우리가 흔히 아는 스테레오 LP 음반이 발매되었습니다. 이후 LP 음반 시장은 카세트테이프 녹음기가 등장하고 발전했는데도 성장을 거듭했습니다.

디지털 녹음의 개발 및 확산

소리를 **디지털** 방식으로 녹음 및 재생하는 기술은 1970년에 미국의 발명가인 **제임스 러셀**James Russell(1931~)이 고안한 광학 디지털 녹음 방식이 최초입니다. 이 기술은 후에 CDCompact Disc 기술의 개발에 영향을 주었습니다. 1971년에 일본 방송사 NHK는 최초로 **PCM**Pulse Code Modulation **방식**의 상업 녹음에 성공했습니다. PCM 방식 역시 후에 CD 녹음 기술에서 사용되는 기술입니다. 이후

그림 3-5 세계 최초의 CD 플레이어

출처: 위키피디아

1970년대에 많은 음반사가 음반 제작 시 디지털 녹음 기술을 사용했습니다. LP 음반의 재킷 표지에 '디지털 리코딩digital recording'이란 문구가 있으면 디지털 녹음 방식으로 녹음 및 편집을 진행한 아날로그 LP 음반이라는 뜻입니다.

1980년에 CD 녹음 규격을 정한 **레드북**Red book 표준이 결정됩니다. 이때 레드북에 정한 표준이 **44.1KHz 샘플링 주파수**Sampling frequency에 **16비트**bit **데이터** 형식입니다. 그리고 최초의 CD 플레이어는 소니Sony에서 1982년에 출시됩니다. 이후 CD는 사용하기 편리하다는 점과 잡음이 없는 깨끗한 음질로 오랜 역사를 가진 아날로그 LP 음반을 서서히 역사 속으로 사라지게 했습니다.

디지털 음원 확산과 CD의 몰락

아날로그 LP 음반을 시장에서 밀어낸 디지털 기술의 발전은 결국 CD까지 시장에서 사라지게 만듭니다. CD 레드북 표준에 따라 녹음한 CD 1장에는 약 74분 분량의 음악을 녹음할 수 있었으며, 음원 데이터 크기는 대략 640MB 정도입니다. CD 롬Read Only Memory, ROM 디스크의 용량이 대략 그 정도인 이유입니다. 1980년대는 물론 1990년대 말까지도 PC 내장 하드디스크의 크기가 1GB(기가바이트) 정도였기에 CD 1장의 데이터가 겨우 들어갈 수준이었습니다. 따라서 CD 음반은 불법 복사로부터 안전했습니다.

하지만 1989년에 표준이 제정된 CD 롬 디스크 기술이 발전하면서 녹음되지 않은 빈 CD 롬 디스크(일명 '공 CD') 가격이 1990년대 후반부터 급격히 하락했습니다. 그리고 가격이 낮아진 공 CD에 음원 데이터를 복사해 넣는 불법 행위가 유행했습니다. 하지만 CD가 몰락한 결정적인 계기는 MP3 기술의 등장입니다. MP3의 정식 명칭은 'Moving Picture Experts Group Audio Layer 3'입니다. MP3 기술은 당시 아날로그 비디오카세트 리코더의 차세대 기술로 개발하던 DVD^{Digital Video Disc} 제품 개발의 부산물이기도 합니다. 1988년에 결성한 디지털 동영상 압축 기술 개발 조직인 **MPEG**^{Moving Picture Experts Group}가 1996년에 개발한 MPEG-3 기술을 이용한 디지털 음원 압축 기술이기 때문입니다.

MP3 기술은 사람의 청각 특성에 기반합니다. 귀에서 인지하지 못하는 초고음 영역을 잘라내고 음원 데이터 내에서 반복되는 영역을 압축해 본래 음원의 크기를 최대 1/10까지 줄이는 기술입니다. 즉 CD 1장에 최대 분량으로 담긴 음악의 음원 파일 크기가 64MB 정도로 줄어듦으로써 1990년대 말 PC 사양의 하드디스크에 충분히 저장할 수 있는 용량이 된 것입니다.

여기에 더해 1990년대 말 기존의 저속 모뎀을 대체하는 새로운 고속 **ADSL**^{Asynchronous Digital Subscriber Line} 통신 회선이 가정에 보급됨에 따라 비교적 짧은 시간에 온라인 전송이 가능해집니다. 여기서 ADSL이란 기존 전화 회선의 음성 주파수 대역을 이용하던 모뎀을 대신해 등장한 기술로 더 높은 주파수 대역으로 통신해 초당 통신 속도를 획기적으로 높였습니다. 모뎀이 통신을 하는 동안 전화를 사용할 수 없었던 반면, ADSL은 전화를 동시에 사용할 수 있어 몇 시간이고 인터넷 통신 사용이 가능해졌습니다. 이런 기술 환경의 발전에 따라 냅스터, 소리바다 등 MP3 공유 사이트가 등장함과 동시에 CD 음원의 불법 유통이 확산되었습니다.

스트리밍 음원의 발전과 스마트폰

MP3 음원의 확산은 또 하나의 새로운 시장이 성장하는 배경이 됩니다. MP3 플레이어는 이전까지 젊은 세대들의 필수품이었던 카세트테이프를 매체로 하는 휴대용 음악 재생 기기를 대체했습니다. 소니의 **워크맨**Walkman으로 대표되는 휴대용 카세트 플레이어는 1980년대 이후 젊은 세대의 상징과도 같았습니다. 하지만 훨씬 작고 가벼우며 음질도 나쁘지 않은 MP3 플레이어의 등장으로 급속히 시장에서 밀려났습니다. 그리고 애플은 아이팟 제품으로 MP3 플레이어 시장에서 독보적인 위치에 올랐습니다.

이후 MP3 공유 사이트는 음반사들의 법적인 소송으로 결국 문을 닫았지만 MP3 음원의 편리함에 익숙해진 소비자들은 CD 음반 구매 시장으로 돌아가지 않았습니다. 결국 음반사들도 수요 변화에 맞추어 음원을 온라인으로 제공하기 시작했습니다. 여기에 애플이 출시한 아이폰이 스마트폰 시대를 개막하면서 음원 스트리밍^{Streaming}(데이터를 저장하지 않고 온라인으로 데이터가 실시간 전송되어 재생되는 방식) 시장이 활짝 열렸습니다. 국내에서는 멜론이나 벅스 등이 유명하지만 전 세계 1위 음원 스트리밍 회사는 스웨덴의 **스포티파이**입니다.

MP3의 대안, 비손실 압축

요즘 우리가 사용하는 노트북의 HDD^{Hard Disk Drive} 용량은 1TB 정도입니다. 좀 더 빠르고 안정적인 SSD^{Solid State Drive}를 사용하는 경우 용량은 256~512GB입니다. 그리고 네트워크 속도는 가정에서도 초당 100MB까지도 전송 가능합니다. MP3 파일이 등장한 1990년대 말 PC 및 인터넷 사용 환경보다 훨씬 발전한 것이지요. 그래서 음질을 낮추는 고압축 MP3 기술이 아닌 다른 기술을 사용하기 시작했습니다. 바로 비손실^{Lossless} 압축 방식입니다.

　MP3와 같은 압축 기술을 손실 압축이라고 합니다. 압축할 때 압축 효율을 높이기 위해 기존 데이터의 일부를 포기하는 것입니다. MP3는 귀에 거의 들리지 않는 영역을 제거하는 것이고 사진 압축인 JPEG는 눈에 잘 보이지 않는 디테일을 제거하는 것입니다.

　하지만 네트워크 속도가 충분히 빠르고 저장 공간이 넉넉하다면 굳이 이럴 필요가 있을까요? 그래서 원래 데이터를 손상하지 않고 압축하는 방식이 쓰이기 시작한 것입니다. 이는 알집 방식이 대표적입니다. 만약 알집으로 파일을 압축할 때 손실하는 데이터가 있다면 복원했을 때 파일에 문제가 생기니 안 되겠지요?

음원 압축의 대표적인 기술 형식이 **플랙**Free Lossless Audio Codec, FLAC 방식입니다. 플랙 방식은 2000년에 첫 표준이 나왔으며 **오픈소스 라이선스**Open-source license에 기반한 기술이어서 누구나 무료로 사용할 수 있어 널리 확산되었습니다. 반면 애플은 **앨랙**Apple Lossless Audio Code, ALAC이라는 자체 기술 표준을 사용하기에 기본적으로 아이폰에서는 플랙 포맷을 지원하지 않습니다. 플랙은 CD의 음원 크기를 대략 200~300MB 정도로 압축해줍니다. 그리고 재생 시 원래 CD와 동일한 디지털 품질의 음원을 들려줍니다. 플랙이 등장하면서 CD의 마지막 장점인 음질까지도 결국 밀리게 되었습니다.

더 좋은 음질, 고음질 음원

PC의 저장 공간 확대, 외장 하드의 용량 증가, 네트워크 속도의 고속화로 CD 음원의 플랙 압축을 통한 유통이 여유로워졌습니다. 그러자 진지한 음악 감상을 추구하는 사람들의 요구와 음원 판매 회사의 차별화 마케팅 정책이 만나 **고음질**Hi-resolution 음원 시장이 열리게 되었습니다. 고음질 음원 시장이란, CD의 표준인 레드북 수준(16비트, 44.1KHz)이 아닌 더 높은 샘플링 주파수와 더 많은 비트 수의 디지털 음원을 만들고 유통하는 것입니다.

예를 들면 일반적인 고음질 음은 데이터 사이즈가 24비트, 샘플링 주파수가 96KHz인 음원입니다. 이를 음원 품질에 비교하면 우리가 들을 수 있는 주파수 대역은 CD의 2배인 20Hz~48KHz (CD는 20Hz~22KHz)이고 다이내믹 레인지(음원이 표현할 수 있는 가장 작은 소리와 가장 큰 소리 사이의 범위)는 144dB(CD는 96dB)입니다. 그리고 고음질 음원 중에서는 24비트 192KHz인 경우도 있습니다. 다만 사람의 청력이 과연 이러한 고음질 음원을 구분할 수 있는가에 관해서는 갑론을박이 있습니다. 디지털 음원의 기술적 내용에 관한 자세한 내용은 뒤에서 다루겠습니다.

피시파이란 무엇인가요

하이파이Hi-Fi라는 용어를 들어보셨나요? 1980년대 오디오 산업 전성기의 오디오 시스템을 하이파이 시스템이라고 불렀습니다. 하이파이란 High Fidelity의 준말로, 현장감 있는 고음질을 의미하며 1940~1950년대 음악 녹음 기술의 발전기에 등장한 용어입니다. 피시파이PC-Fi는 하이파이에서 유래했으며 PC를 중심으로 하는 음악 감상 시스템을 의미합니다. 스마트폰을 이어폰이나 블루투스Bluetooth 스피커에 연결해 음악을 감상하는 것과 달리 PC를 독립적인 앰프와 스피커에 연결해 집 안에서 감상하는 것입니다. 사람들이 굳이 피시파이를 고집하는 이유는 음질이 더 좋은 음악을 감상하기 위함입니다.

피시파이를 위한 기본적인 구성은 그림 3-6과 같이 음원 재생을 위한 PC, 디지털 음원을 아날로그로 변환하는 디지털-아날로그 변환기^{Digital-to-Analog Converter, DAC}, 오디오 앰프, 별도의 스피커입니다. 물론 DAC(댁)을 빼고 PC의 이어폰 출력을 앰프에 바로 연결하는 방법도 있고, 앰프가 내장된 스피커를 사용하는 방법도 있으나, 고음질의 음악 감상을 목적으로 하는 피시파이에서는 그렇게 하지 않습니다.

그림 3-6에서 PC의 역할은 MP3나 플랙 음원의 저장, 선곡, 프로그램을 통한 음원 재생입니다. 기존 오디오에서 CD 플레이어와 같은 역할이라고 보면 되겠으나 출력 과정이 USB를 통한 디지털 출력이라는 점에서 차이가 있습니다. DAC의 역할은 USB 케이블 연결을 통해 PC에서 전달한 디지털 음원 데이터를 아날로그 사운드로 변환하는 것입니다. 변환한 음원 데이터는 앰프를 통해 증폭된 뒤 스피커를 거쳐 우리 귀에 음악으로 전달됩니다. 최근 앰프 중에는 DAC이 내장되어 USB 입력을 제공하는 제품도 있습니다.

그림 3-6 피시파이 시스템의 구성도

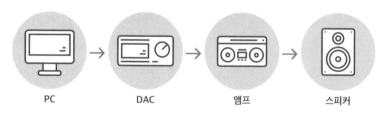

PC   DAC   앰프   스피커

이 경우 PC에서 바로 앰프 USB 입력에 연결하면 됩니다.

집에 사용하지 않는 오래된 오디오 시스템과 PC가 있으면 시중에서 저렴한 DAC을 하나 구입해 플랙 음원 파일을 재생해보세요. 이어폰이나 손바닥만 한 블루투스 스피커로 음악을 듣는 것과는 차원이 다른 음악 감상의 세계를 접할 것입니다.

음원은 음원 사이트에 회원으로 가입하고 다운받거나 스트리밍 방식으로 재생할 수 있습니다. 그리고 음원 서비스에 따라 최근에는 플랙 음원을 기본으로 제공하는 경우도 많습니다. 때로는 고음질 음원을 제공하는 경우가 있으니 확인해보시면 됩니다. 또한 튠인^{TuneIn} 라디오 같은 인터넷 라디오를 통해 다양한 장르의 음악을 24시간 무료로 들을 수도 있습니다.

DAC은 시중에 수만 원대 제품이 있으며 고가 제품의 경우 수백만 원이 넘기도 합니다. 하지만 대략 10만 원대 DAC이라면 충분히 좋은 음질과 성능을 제공합니다. 다만 사용하는 앰프와 스피커의 가격에 따라 고가의 DAC을 사용하는 것도 권합니다.

디지털 녹음 방식인 PCM과 DSD 기술

| 피시파이의 중심은 디지털 음원입니다. CD로 인해 보급된 디지털

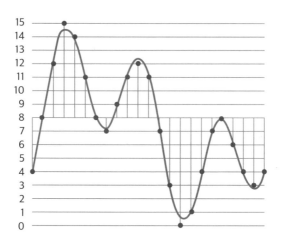

그림 3-7 23Hz, 4비트 PCM 디지털 변환 그래프

출처: mouser.kr

녹음 기술에 대해 한번 알아보겠습니다.

　PCM 녹음 방식은 CD의 디지털 음원 표준 방식입니다. 음원의 1초 길이에 해당하는 아날로그 파형의 일정 구간을 정해진 횟수(이를 샘플링 주파수라 합니다)로 쪼개고, 각각의 쪼개진 아날로그 신호의 전깃값을 정해진 비트의 디지털값으로 변환(이를 양자화라고 합니다)하는 방식입니다. 그림 3-7을 녹음된 아날로그 음원의 1초간 파형이라고 가정한다면 23개의 점은 23Hz의 샘플링 주파수를 의미하고 0부터 15까지의 16단계 구분은 4비트의 양자화값에 해당합니다. 따라서 그림 3-7은 23Hz, 4비트 PCM 디지털 변환에 해당합니다. 그리고 데이터 값은 그림 3-7에서 점으로 표시된 값인

그림 3-8

샘플링 주파수와 양자화 비트 수의 변화에 따른 디지털 음원

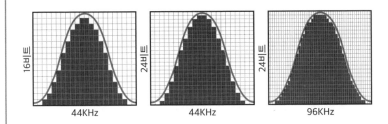

'4, 8, 12, 15, 14, 11, 8, 7, 9…'입니다. 하지만 CD나 디지털 음원은 2진수를 사용하므로 이를 2진수로 표현하면 '0100, 1000, 1100, 1111, 1110, 1011, 1000, 0111, 1001…'이 되는 것입니다.

CD는 1초 동안 아날로그 음악을 4만 4,100개의 구간(44.1KHz)으로 쪼개고 각 구간의 아날로그 신호의 크기를 6만 5,000단계로 구분해 16비트의 이진수로 전환하는 방식으로 녹음됩니다.

그렇다면 고음질 음원은 왜 필요할까요? 그림 3-8을 보면 동일한 아날로그 신호를 샘플링 주파수와 양자화 비트 수에 따라 디지털로 전환할 때의 차이점을 보여줍니다. 그림 3-8에서 왼쪽의 그림이 CD의 디지털 음원이라면 오른쪽은 24비트, 96KHz의 고음질 음원을 설명하는 그림입니다. 고음질 음원이 CD 음원에 비해 아날로그 파형에 더 가까운 모습을 하고 있는 것을 볼 수 있습니다. 즉 샘플링 주파수와 양자화 비트가 증가할수록 좀 더 아날로그 파형에 가까운 디지털 음원을 만들 수 있습니다. 다만 CD 수준의 음원

그림 3-9 PCM과 DSD의 파형 차이

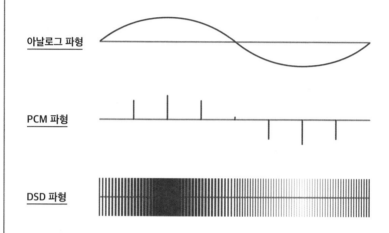

아날로그 파형

PCM 파형

DSD 파형

출처: sony.co.in

이라도 사람이 듣기에 충분히 좋습니다.

DSD 음원 Direct Stream Digital은 CD의 PCM 녹음 방식의 특허가 만료되고 공 CD와 MP3 등의 확산에 따른 CD 불법 복제 및 유통이 문제가 되자, 이를 극복하기 위해 CD 규격을 만든 소니와 필립스에서 차세대 CD라고 하는 SACDSuper Audio CD의 표준 녹음 방식으로 개발한 규격입니다.

그림 3-9와 같이 PCM의 멀티 비트(16비트) 방식이 아닌 1비트 데이터를 기존의 CD 샘플링 주파수인 44.1KHz보다 훨씬 높은 2.8MHz로 샘플링 방식을 거쳐 디지털로 전환하는 방식입니다. 아날로그 음원의 파형을 양자화 비트 수가 아닌 1비트의 연속된 흐

름으로 전환한 것입니다. 한때는 PCM보다 더 뛰어난 고음질 음원의 상징으로 인식되었으나 이는 소니의 마케팅에 따른 것입니다. 실질적으로 PCM보다 뛰어나지 않다는 인식으로 바뀌어 DSD 음원의 인기는 수그러들었습니다. 피시파이 입장에서 보면 DSD 음원은 쓸데없이 크기만 큰(보통 음반 1장 분량의 음원 파일 크기가 2~3GB, 때로는 5GB가 넘는 경우도 있습니다) 음원 파일인 것이지요.

4K와 8K가
무슨 뜻일까

TV는 오랜 시간 우리 곁에 있던 가전제품입니다. 대부분은 어린 시절부터 TV와 함께 자랐다고 해도 과언이 아닙니다. TV가 없던 시절이 기억난다면 정말 나이가 많은 분이지요. 그런 분들은 '나 때는 말이야'라며 **흑백 TV** 이야기를 꺼내실지도 모르겠습니다. 사실 우리나라는 **컬러 TV** 방송을 다른 나라보다 매우 늦게 시작했습니다. 북한보다 6년이나 늦게 컬러 TV 방송을 시작했으니까요.

요즘 TV는 TV라고 부르는 것이 맞나 싶을 정도로 똑똑해졌습니다. 한때는 TV의 별명이 '바보상자'였지요. 그리고 UHD, 4K, 8K 등 알 듯 모를 듯한 단어들이 TV의 수식어가 되었습니다. 스마트폰과 연동되고 사람 목소리도 알아듣는 등 기능이 참 많아졌습니다. IT 기술의 발전이 TV를 점차 컴퓨터와 비슷하게(사실은 지금의 스마트 TV 안에는 리눅스 기반의 컴퓨터가 들어 있습니다) 만들고 있습니다. 이번에는 우리 친구인 TV에 대해 좀 더 이야기를 나눠 보겠습니다.

아날로그 TV의 역사

1897년 **카를 페르디난트 브라운**Karl Ferdinand Braun(1850~1918)은 **음극선관**Cathode Ray Tube, CRT을 발명했습니다. 이를 발명가의 이름을 따서 브라운관이라고 부릅니다. 전자총에서 발사한 전자가 형광물질을 입힌 화면에 부딪혀 발생하는 빛을 이용해 영상을 표시하는 장치입니다. 'CRT 모니터'라는 용어를 들어본 적이 있나요? 그 CRT가 음극선관을 의미합니다. 음극선을 하나만 사용하면 흑백 TV고 빨강, 초록, 파랑(Red, Green, Blue의 앞 글자를 따서 RGB라고도 합니다) 표시를 위한 3개의 음극선을 사용하면 컬러 TV가 됩니다. 음극선 자체의 색이 다른 게 아니라 음극선에 부딪히는 형광물질이 세 가지 색으로 각각 다르다는 뜻입니다.

우리나라 최초의 TV 방송은 1961년 12월 31일에 국영 서울텔레비전방송국(지금의 KBS)에서 시작했습니다. 당시에 정부는 시청자를 먼저 확보해야 한다는 이유로 미국의 RCARadio Corporation of America와 일본의 내셔널National 등에서 2만 대의 TV 수상기를 수입

그림 3-10 CRT의 원리(상)와 컬러 TV의 CRT(하)

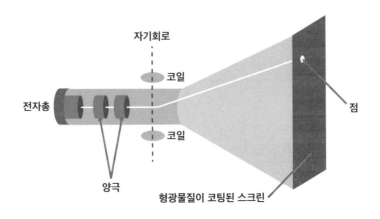

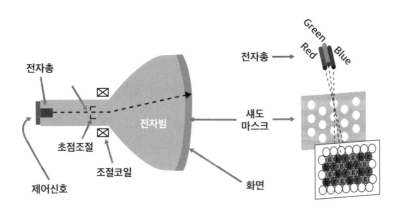

출처: techtarget.com

하고 월부로 판매하도록 했습니다. 이때 TV 월부 구매를 원하는 사람의 수가 대단해서 신청 접수 용지가 20만 장이 나갔다는 소문이 나돌 정도로 TV 방송은 큰 인기를 얻었다고 합니다. 그리고

1964년에 동양방송^{TBC}이 개국했고(1980년 11월 30일 언론통폐합 때 KBS 2TV로 바뀝니다.) 1969년에 문화방송^{MBC}이 개국하면서 우리에게 친숙한 KBS, TBC, MBC 주요 3개 방송국의 방송이 체계를 갖추었습니다.

국산 TV로는 1966년에 **금성사**(현 LG전자)에서 국내 최초로 진공관식 흑백 48cm(19인치) 제품을 내놓았는데 당시 가격은 6만 8,350원으로 쌀 25가마 이상을 살 수 있는 고가 상품이었습니다. 그래서 TV가 있는 집은 부잣집으로 인식하는 시절이 있었습니다.

세계 최초의 컬러 TV 방송은 1950년 11월 14일 미국 뉴욕의 컬럼비아 방송 시스템^{CBS}이 공공장소에 컬러 TV 수상기를 설치하면서 시작되었습니다. 우리나라는 방송국들이 1974년에 컬러 TV 방송을 할 수 있는 여력을 갖추었고 1977년에는 컬러 TV를 제조해 수출까지 했지만, 당시 박정희 대통령의 반대로 컬러 TV 방송을 할 수 없었습니다. 그러다가 전두환 대통령 시절인 1980년 12월 1일에 컬러 TV 방송이 시작되었습니다.

아날로그 TV 시절에는 전 세계 TV 방송 기술 표준이 동일하지 않았습니다. 우리나라, 일본 등이 채택한 미국의 **NTSC**^{National Television Systems Committee}, 유럽의 **PAL**^{Phase Alternating Line}, **SECAM**^{SEquentiel Couleur Avec Memoire} 등 서로 호환이 안 되는 세 가지 방식으로 방송하고 있었습니다. 북한이 PAL 방식의 TV 방송 기술을 채택했기 때문에 남북한이 서로의 TV 방송을 볼 수 없었습니다.

컬러 TV 방송을 시작한 지 얼마 안 되었을 시절 이야기를 하나만 소개하자면, 우리나라 국가대표팀의 한 A매치(국가대표 간의 경기) 축구 중계에서 해설자가 "우리 선수는 붉은 유니폼을, 상대 선수는 파란 유니폼을 입고 경기에 임하고 있습니다. 흑백 TV 시청자는 구별이 안 되시겠군요"라고 말했던 일화가 있습니다.

디지털 TV 방송과 스마트 TV

1990년대 말까지도 세계 최고의 TV 기술 강국은 일본이었습니다. 특히 **소니**는 트리니트론^{Trinitron}이라는 CRT 기술로 TV 분야에서 오랜 기간 세계 최고의 자리를 유지했습니다. 당시 삼성을 비롯한 국내 전자 회사는 소니를 뛰어넘는 건 꿈이라고 생각했을 것입니다. 1996년부터 **DVD**가 정식으로 출시되어 디지털 영상 시장을 열었으나 방송은 여전히 아날로그였습니다.

당시 TV 업계의 화두는 기존 표준 해상도였던 **SD**^{Standard Definition} 화질인 720×480(DVD의 디지털 해상도이자 아날로그 TV에 해당하는 해상도)보다 고화질인 **HD**^{High Definition} 방송 기술을 개발하는 일이었습니다. 일본은 이를 위해 NHK 주도로 **하이비전**^{Hi-vision}이라는 아날로그 기반의 고화질 방송 기술을 개발해 1991년부터 시험 방송을 했습니다. 그러나 세계는 디지털 기반의 고화질 방송 기술을 개발하는 쪽으로 가고 있었고, 결국 2007년 NHK는 아날로그 하이비전 방송의 송출을 중단했습니다.

디지털 방송 기술의 개발은 1996년 미국의 디지털 텔레비전 방송 표준을 개발하는 위원회인 **ATSC**^{Advanced Television Systems} ^{Committee}에서 디지털 방식의 방송 규격을 개발하면서 시작되었습니다. 개발된 두 가지 해상도는 **1280×720**(HD)과 **1,920×1,080** (풀HD^{Full HD, FHD})입니다. 두 해상도의 영상은 기존 공중파에서 방송이 가능한 규격이었습니다. 또한 우리나라의 표준 규격이기도 합니다. 그리고 삼성전자에서 1998년 10월 말에 세계 최초로 디지털 TV를 양산합니다. 이를 계기로 삼성전자 같은 국내 전자 회사가 소니를 뛰어넘는 꿈이 현실로 이루어진 것입니다.

우리나라의 디지털 TV 방송 표준을 정할 때 여러 가지 논의가 많았습니다. 미국 표준을 선택할지 아니면 자체 표준으로 선택할지 등이었습니다. 그러나 정작 인터넷 시대가 열리면서 이런 논의는 무의미해졌습니다. 아무도 예전처럼 안테나를 세워 TV 방송을 수신하지 않기 때문입니다. KT, SK 등, 통신사의 IPTV 셋톱 박스^{Set-top box}를 통해 디지털 방송을 보게 된 것입니다.

디지털 TV는 기본적으로 아날로그 방식의 CRT를 사용하지 않기 때문에 뒤가 튀어나오지 않은 평면 TV의 모습을 하고 있습니다. 방식에 따라 **플라스마 TV**^{Plasma TV}(자체 발광을 하는 플라스마디스플레이를 사용하는 TV)와 **액정**^{Liquid Crystal Display, LCD} **TV** 기술이 경쟁했으나 에너지 효율이 좋고 내구성이 뛰어난 LCD TV가 시장을 지배하게 되었습니다.

최근에는 **유기 발광 다이오드**^{Organic Light Emitting Diodes, OLED} 방식이

고가 TV 시장을 점유하고 있습니다. OLED는 LCD와는 달리 플라스마 TV와 같은 자체 발광 방식이라 **백 라이트** Back light(LCD 화면 뒤에서 빛을 비추어주는 장치)가 없어 얇게 만들 수 있고 검은 화면의 경우 완전한 검은색 표현이 가능합니다. 검은색을 표현하기 위해 발광을 하지 않아도 되므로 전력 소모도 없습니다. 즉 플라스마 TV의 에너지 효율 문제도 해결한 기술입니다. 다만 OLED TV가 색상이 더 선명하다는 장점이 있으나 잘 만들어진 LCD TV와 크게 구별될 정도는 아닙니다.

스마트 TV는 디지털 TV 내부에 **안드로이드** Android(구글에서 개발한 모바일 기기용 운영체제) 계열 운영체제나 **리눅스** Linux(오픈소스 운영체제) 계열 운영체제를 이용하는 컴퓨터를 내장하고 있습니다. 삼성 스마트 TV는 리눅스를 기반으로 자체 개발한 운영체제인 타이젠 Tizen을 사용하고 있습니다.

사실 스마트 TV를 커다란 태블릿 PC라고 보면 됩니다. 네트워크에 연결해 웹 브라우징을 할 수도 있고, 넷플릭스나 유튜브 등 앱을 설치해서 인터넷을 통한 OTT 방송을 볼 수 있으며, 인터넷 라디오 앱이나 스포티파이 앱을 설치하면 음악 감상용으로 사용할 수도 있습니다. 또한 스마트폰과의 미러링이나 음성인식 기능을 이용한 다양한 기능도 제공합니다. 미러링이란, 스마트폰이나 태블릿의 영상이나 음악을 컴퓨터나 스마트 TV 등의 기기로 무선 (와이파이나 블루투스) 통신을 통해 전송해 보여주거나 들려주는 기술을 의미합니다. 애플은 에어플레이 Air-Play라는 이름으로 지원하며 안드로이드의 경우 다양한 앱이 지원하고 있습니다. 향후 스마트 TV의 기능과 활용 범위는 더욱 넓어질 것입니다.

HD, FHD 그리고 4K, 8K

그렇다면 이 장의 제목인 4K, 8K에 대해 알아보겠습니다. 앞서 이야기한 TV의 역사에서 기존 아날로그 TV와 DVD가 대략 720× 480의 해상도라고 했습니다. 이를 **표준 해상도**라고 합니다. 화면의 가로와 세로 비율이 4:3 정도입니다.

그림 3-11 FHD, 4K UHD, 8K UHD 화면 비교

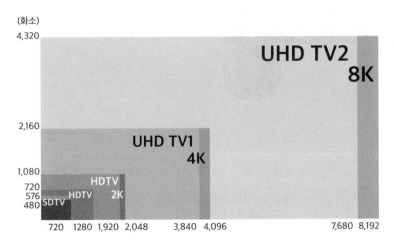

출처: 위키피디아

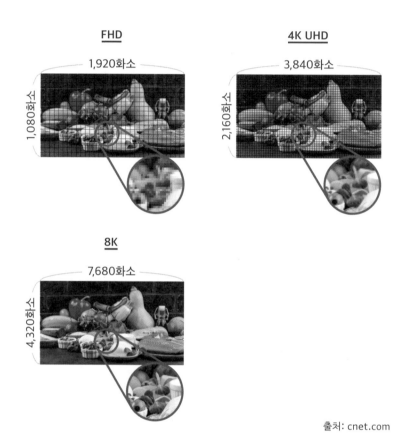

그림 3-12 FHD, 4K UHD, 8K 화질 비교

FHD

1,920화소

1,080화소

4K UHD

3,840화소

2,160화소

8K

7,680화소

4,320화소

출처: cnet.com

1990년대에 개발된 고화질 HD 방송의 해상도는 최대 1,920×1,080입니다. 이때부터 TV 화면의 가로와 세로 비율이 16:9가 됩니다. 그리고 이보다 더 고화질의 영상 기술 표준인 **초고해상도**Ultra HD, UHD에 관한 개발이 계속되어 2015년에 〈UHD 포럼Ultra HD

Forum〉에서 3,840×2,160 해상도의 UHD 표준이 제정되었습니다. 4K 규격의 가로 해상도인 3,840이 거의 4,000(4K)에 가까우므로 간단히 4K TV라고 부르게 된 것입니다. 이때 더 높은 해상도인 7,680×4,320 해상도의 디지털 영상 규격에 관한 정의도 함께 이루어졌는데 이를 **UHDTV2 규격**이라고 부릅니다. 7,680이 거의 8,000(8K)에 가까우므로 UHDTV2 규격을 8K TV라고 부르게 될 것입니다

수십 년간 큰 변화가 없던 해상도가 급격히 발전한 이유는 TV 해상도 기술 발전의 기반이 아날로그 기술이 아닌 디지털 기술이기 때문입니다. 4K보다 화소pixel(화면의 최소 단위인 점) 수를 4배 늘리고 네트워크를 통한 영상 데이터의 양을 4배 더 전송할 수 있으면 바로 8K 영상의 방송이 가능하기 때문입니다. 그러나 정작 8K 방송을 하려면 방송국의 장비들을 전부 8K 규격에 맞게 바꾸어야 합니다. 그런데 2015년에 UHD 규격이 나와 이제야 4K 규격의 장비로 바뀌는 중인데 몇 년 지나지도 않아 8K 규격의 장비로 또 바꾸기는 쉽지 않아 보입니다.

HDR, 돌비 비전은 꼭 필요한가요

디지털 TV 제품의 박스나 안내서를 보면 HDR 또는 **돌비 비전**Dolby vision이라는 용어를 접할 수 있습니다. **HDR**은 High-

Dynamic-Range의 약어입니다. 우리말로 하면 고변화 범위라고 할 수 있지만 적합하지 않아서인지 그냥 HDR이라고 부릅니다. HDR 기술은 영상에서 어두운 부분과 밝은 부분이 한 화면에 있을 때 이를 디지털 기술로 처리해 명암이 잘 구별되도록 합니다. 또한 색상을 보정해서 화면이 더 투명하고 깨끗하게 보이게 합니다. 기본 규격은 **HDR10**이며 좀 더 발전된 규격으로 삼성전자에서 개발한 **HDR10+**가 있습니다. HDR10+가 더 앞선 기능이긴 하나 지원하는 영상 콘텐츠가 HDR10보다 적습니다. 따라서 TV를 구입할 때 HDR10이면 충분합니다. 최소한 HDR10 이상을 지원하는 모델을 구입하는 것이 좋습니다.

돌비 비전은 오디오의 잡음 감소를 위한 기술인 돌비 녹음을 개발했던 미국의 돌비 연구소^{Dolby Laboratories}에서 개발한 화질 개선 기술입니다. HDR10보다 더 뛰어난 기술이어서 영상이 더 선명하게 보이지만 가격이 비싸 고가의 TV에만 있는 기능입니다. 또한 모든 영상 콘텐츠가 돌비 비전을 지원하는 것이 아닙니다. 최근에는 스마트폰에도 HDR10이나 돌비 비전을 지원한다고 하는데, 스마트폰 화면이 작다는 점과 주로 외부에서 화면을 본다는 점을 감안할 때 TV만큼 효과를 보긴 어렵습니다.

미래의 TV와 방송

TV와 방송 혹은 콘텐츠 서비스 분야는 디지털 기술의 발전에 따라 변화하는 속도가 매우 빠릅니다. 미래의 TV는 디지털 융합 기기의 중심이 될 것입니다. 공중파 방송의 역할은 점점 축소될 것이며 넷플릭스나 왓챠 등 VOD^{Video-On-Demand}(언제나 보고 싶을 때 원하는 콘텐츠를 볼 수 있는 것) 서비스와 스마트 TV, 스마트폰 등 디지털 플랫폼이 변화의 중심이 될 것입니다. 사용자의 성향을 파악해 원하는 콘텐츠를 제공하는 서비스가 등장하고, 유튜브처럼 소비자가 직접 콘텐츠를 생산 및 공유하는 소셜 서비스의 발전으로 생산자와 소비자의 경계가 점차 뚜렷하지 않게 될 수 있습니다. 방송 광고도 지금처럼 대중을 대상으로 하지 않고 다양한 정보에 기반해 웹 사이트의 배너 광고처럼 개별 시청자를 대상으로 하는 광고의 개인화도 발전할 것으로 보입니다.

TV라는 영상 디스플레이 장치는 8K 고화질 영상을 지원할 것이고 물론 화면의 크기도 더 커질 것입니다. 이로 인해 지금의 유기 발광 다이오드 디스플레이 기술과 최근 대형 화면의 구성에 사용되는 **마이크로 LED**^{MicroLED} 기술이 경쟁하게 될 것입니다. 마이크로 LED 기술은 길거리의 건물 외벽에 설치된 대형 스크린 등 100인치 이상의 대형 화면에 적용되는 기술인데, 소형화 기술이 발전하면 집안의 TV에도 적용할 수 있어 OLED와의 경쟁이 예상됩니다.

그리고 또 하나의 중요한 변화는 **가상 현실**Virtual Reality, VR 및 **혼합 현실**Mixed Reality, MR 기술의 발전입니다. 3차원 입체 영상을 제공하는 VR과 MR 기술이 고해상도를 지원하고 편리해지면 거실에서 대형 디스플레이 자체가 사라질 수도 있습니다. 360도 가상현실 동영상이 이미 유튜브에 많이 올라와 있는데 가상 현실 헤드셋을 착용하고 감상해보면 미래 영상 기술의 발전 방향을 느낄수 있습니다.

TV 분야의 세계 최고 기업이었던 소니가 우리나라의 삼성전자에 뒤처진 기업이 된 것도 고작 20여 년의 기간에 이루어진 일입니다. 미래의 TV와 영상 콘텐츠 서비스 역시 기술의 발전에 누가 한발 먼저 알아보고 선점하는가에 따라 승자가 결정될 것입니다.

8K TV를 지금 사도 될까요

현재 국내에는 이미 여러 모델들의 8K TV가 출시되었습니다. 하지만 화면이 60인치 이하라면 4K UHD TV와 8K TV의 화질 차이를 아주 가까이서 시청하지 않으면 구별하기 쉽지 않습니다. 그래서 대부분의 8K TV 화면은 대체로 80인치입니다. 따라서 가격이상당히 비쌉니다. 물론 UHD TV의 초창기 가격과 비교하면 비싼

편이 아니지만 지금 4K급 UHD TV의 가격이 엄청나게 내려간 상황이라 구매를 고민할 법합니다. 8K TV를 지금 구매하는 것은 어떨까요?

금전적으로 문제가 없다면 최신 8K TV를 사도 되겠지만 다른 이유가 없다면 지금 당장(2021년 기준) 구입하는 것은 보류하는게 좋을 듯합니다. 기본적으로 8K 화질이 주는 고화질이라는 느낌이 4K 화면과 HD급 화면을 비교했을 때처럼 시각적으로 뚜렷한 차이가 있지는 않기 때문입니다.

또한 기본적으로 넷플릭스나 유튜브는 물론 방송국에서 방송하는 프로그램 중에 아직 진정한 8K 화질로 제작된 콘텐츠가 없습니다. 또한 여러 가지 이유로 가까운 시일 내에 본격적인 8K 방송이 시작될 것 같지 않습니다.

따라서 디스플레이 기술이 더 발전하고 8K TV의 가격도 많이 내려가며 8K 영상 콘텐츠가 제법 보급되는 시점에 8K TV를 구입하는 것이 좋다고 생각합니다. 그때까지는 4K TV로 얼마든지 고화질 영상을 즐길 수 있습니다.

PART 4

미래 사회를 이끌어갈 IT 기술

인공지능 스피커는
어떻게 대화할까

아이폰 사용자라면 **시리**Siri를 잘 아실 겁니다. 평소에 자주 사용하지는 않지만 아이폰을 처음 샀을 때 신기해서 한 번씩은 시리와 대화를 주고받은 경험이 있겠지요. "시리야, 오늘 날씨는 어때?"라고 물으면 "네, 오늘 날씨는 맑고 기온은 25도입니다"라고 대답합니다. 안드로이드 폰에도 비슷한 기능이 있습니다. **구글 어시스턴트**Google Assistant입니다. 그리고 집에 KT 기가지니, 네이버의 클로바, 카카오 미니 등과 같은 소위 **인공지능**Artificial Intelligence, AI 스피커 제품을 사용하는 분도 많습니다.

그런데 시리나 구글 어시스턴트 또는 인공지능 스피커를 써보면 인공지능이 그렇게 똑똑한 것 같지는 않습니다. 아직 인공지능이 사람처럼 똑똑해지려면 시간이 더 필요한 것일까요? 그런데 사람이 평생을 바쳐 노력해도 오르기 힘든 세계 바둑 1위 자리를 인공지능이 차지했습니다. 구글의 **알파고**^{AlphaGo}라는 인공지능 바둑 프로그램이 우리나라 최고의 프로 바둑 기사인 이세돌을 이겼다는 뉴스를 들어보았을 것입니다.

이상하지요? 나의 말귀도 정확히 알아듣지 못하는 인공지능이 어떻게 세계 최고의 바둑 기사를 이길 수 있었을까요? 도대체 인공지능이 뭐길래 기업부터 국가까지 모두 관심을 가질까요? 인공지능이 사람이 하는 모든 일을 똑같이 할 수 있게 될까요? 영화 〈아이언맨^{Iron Man}〉의 주인공 토니 스타크의 집에 있는 **자비스**^{JARVIS}처럼 주인이 말만 하면 뭐든 척척 해주는 인공지능이 등장할 수 있을까요? 우리 함께 인공지능이 무엇인지 한번 알아봅시다.

인공지능의 역사

인공지능의 역사가 더 오래되었을까요, 아니면 컴퓨터의 역사가 더 오래되었을까요? 당연히 컴퓨터가 먼저 발명되고 인공지능이 발명되었을 거라고 생각하겠지만 그렇지 않습니다. 1997년 **IBM**^{International Business Machine Corporation}에서 개발한 인공지능 컴퓨터인 **딥 블루**^{Deep Blue}가 당시 체스 세계 챔피언인 **가리 카스파로프**^{Garry Kasparov}(1963~)를 이긴 것이 체스 게임에서 세계 최초로 인공지능

그림 4-1 터크 체스 기계의 구조

출처: 위키피디아

이 사람을 이긴 경기로 알려져 있습니다. 그러나 이보다 더 오래된 사례가 있습니다. 1770년에 오스트리아 여왕이었던 마리아 테레지아^{Maria Theresia}(1717~1780)를 위해 **볼프강 폰 켐펠렌**^{Wolfgang von Kempelen}(1734~1804)이 만들었던 **터크**^{The Turk}가 세계 최초로 인간 체스 플레이어를 대상으로 승리한 '생각하는 기계'였습니다.

당시 이를 지켜본 사람들은 매우 놀랐을 것입니다. 꽤 오랜 기간 터크는 유럽을 순회하며 여러 체스 플레이어를 이겼다고 합니다. 그러나 이 체스 기계는 사실 통 안에 사람이 들어가서 조작하는 방식이었습니다. 사기였던 셈이지요. 하지만 인공지능의 역사는 이때부터 시작되지 않았을까요? 기계가 스스로 생각을 할 수 있다는 가능성을 사람들의 마음속에 심어주었으니까요.

진짜 인공지능의 아버지는 **앨런 튜링**Alan Turing(1912~1954)이라는 영국의 수학자입니다. 튜링은 제2차 세계대전 당시 나치 독일의 유명한 암호 장비인 에니그마Enigma의 암호를 해독할 수 있는 기계식 계산기를 개발했습니다. 이를 이용해 독일군 잠수함의 교신 내용을 해독함으로써 전쟁을 승리로 이끌었습니다. 영화 〈이미테이션 게임The Imitation Game〉은 이 이야기를 다루었습니다.

튜링은 **튜링머신**Turing machine이라는 오늘날 컴퓨터 프로그램 방식의 기본이 되는 장치를 만들기도 했습니다. 또한 튜링이 고안한 **튜링테스트**Turing test는 인공지능의 완성 기준을 정한 최초의 테스트 방법입니다. 튜링 테스트란, 사람이 인공지능과 컴퓨터 화면에서 글을 이용해 대화한 뒤(다른 표현으로 인공지능과 채팅을 한 뒤) 실험에 참가한 사람이 대화 상대가 컴퓨터가 아닌 사람이라고 생각한다면 그 인공지능은 생각할 수 있는 능력을 가졌다고 판단하는 실험입니다.

딥 블루가 내재된 프로그램으로 인간 체스 세계 챔피언을 꺾었지만 이를 인공지능의 완성으로 인정하지 않았습니다. 이유는 체스 게임은 비교적 수가 한정되어 있고 진정한 사고가 아닌 컴퓨터 프로그램을 통해 빠른 계산만으로 경기를 이길 수 있기 때문입니다. 또한 체스 게임만을 위해 만들어진 딥 블루가 튜링테스트를 통과할 수 없었기 때문입니다. 그리고 세월이 흘러 2001년 러시아 태생 3명의 프로그래머가 지금의 챗봇Chatbot과 유사하게 만든 **유진 구스트만**Eugene Goostman이라는 인공지능 대화 컴퓨터는 영국

왕립학회 멤버들을 대상으로 한 실험에서 33%의 사람에게 우크라이나 출신 13세의 소년으로 인식되기도 했습니다. 튜링테스트를 성공한 셈이지만 이번에도 사람들은 이를 진정한 인공지능으로 받아들이지 않았습니다.

몇 년이 더 지난 2016년 3월에 컴퓨터로는 도저히 인간을 이길 수 없다고 했던 바둑 게임에서 알파고가 이세돌 세계 챔피언에게 패배를 안겼습니다. 그리고 이때 사람들의 반응은 이전과 달랐습니다. 진정한 인공지능이 탄생했다고 인정하게 되었습니다. 그리고 2018년 3월에 구글은 **듀플렉스**Duplex 프로젝트를 발표했습니다. 듀플렉스는 전화를 통해 미용실에 예약하고 레스토랑을 예약하는 데 성공했습니다. 그리고 예약 전화를 받은 사람은 상대방이 컴퓨터라고 전혀 생각하지 못했다고 합니다.

인공지능과 딥 러닝

구글의 알파고는 어떻게 이세돌과의 바둑에서 이길 수 있었고 듀플렉스는 어떻게 사람처럼 예약할 수 있었을까요? 인공지능에 대한 이야기에서 빠지지 않고 등장하는 **딥 러닝**Deep learning이 그 답이라고 할 수 있습니다. 사람은 갓 태어나면 대화가 불가능합니다. 그러나 세월이 흐르면서 엄마, 아빠와 대화하고 상호 반응을 하며 점차 말을 배워갑니다. 처음엔 아주 단순한 대화만 가능하지만 점차 성장하면서 엄마, 아빠와 거의 동등한 수준으로 대화가 가능해집니다. 이때 엄마, 아빠는 아이에게 무수히 많은 대화, 몸짓, 표정 등의 반응을 갓난아이 때부터 보여주어야 합니다.

만약 아이가 태어났는데 홀로 밀림에 방치되었다면 이 아이는 어른으로 성장해도 말을 전혀 할 수 없고 이해할 수 없습니다. 사람의 학습 방식은 외부에서 반복적이고 지속적으로 주어지는 자극(데이터)에 의해 점차 배워나가는 것입니다. 이러한 방식을 모방해 컴퓨터가 주어진 데이터를 바탕으로 점차 높은 수준의 능력으로 스스로 발전해가는 방식을 **머신러닝**Machine learning이라고 부릅니다. 머신러닝 중에서 사람의 뇌가 사고하고 판단하는 방식을 모방한 컴퓨터를 신경망 컴퓨터라고 부르는데 이를 기반으로 학습하는 방식이 딥 러닝입니다. 딥 러닝 방식은 다른 머신러닝 방식이 필요로 하는 사람의 지속적인 학습 개입과 조정이라는 문제점을 극복하는 방안으로 각광받습니다.

예를 들어 구글에서 무료로 제공하는 구글 번역이 초기에는 일반적인 머신러닝 방식으로 개발되었기에 어순이 비슷한 영어, 프랑스어, 독일어와 같은 언어 간에는 번역이 괜찮은 수준이었으나, 영어를 한국어로 바꾸는 것과 같이 어순이 완전히 다른 언어의 번역에는 한계를 드러냈습니다. 그러나 2016년 11월에 구글이 딥 러닝 방식의 번역을 선보였고 그 결과는 매우 놀라웠습니다. 지금은 한국어와 영어 사이의 번역 수준이 초벌 번역으로 쓸 수 있을 정도로 향상되었습니다.

인공지능 스피커와의 대화

이러한 인공지능 분야의 눈부신 발전에 기초해 우리가 집에서 쓰는 인공지능 스피커가 우리와 대화를 할 수 있게 되었습니다. 인공지능 스피커와 사람이 대화하는 과정은 어떻게 진행될까요? 먼저 사람이 한 말을 마이크로 청취한 뒤 이를 문장 형태로 변환해야 합니다. 이를 **음성 인식**Voice recognition이라고 합니다.

음성 인식은 딥 러닝 기술을 기반으로 개발됩니다. 먼저 사람의 말을 음성 단위별로 구분할 수 있도록 미리 학습할 필요가 있습니다. 우리는 부모님과의 대화를 통해 말하기를 배우지만 읽기는 한참 후에 가능합니다. 이는 말과 글 사이의 관계를 배워야만 말을 글로 바꿀 수도 있고 글을 말로 바꿀 수도 있기 때문입니다. 우리가 어렸을 때 'ㄱ, ㄴ, ㄷ, ㄹ … 아, 야, 어, 여' 등 자음과 모음부터 배운 다음 '비행기, 자동차' 등 단어를 배운 것처럼 인공지능 스피커는 딥 러닝을 통해 언어의 구성 요소에 대해 반복적으로 학습합니다. 마이크로 전달된 음성 신호를 분리하고 이를 자음과 모음이라는 텍스트로 변환할 수 있도록 대량의 데이터를 이용해 학습하지요. 학습이 완료되면 마이크로 전달되는 사람의 음성을 텍스트 데이터인 문장으로 변환이 가능해집니다.

이렇게 문장으로 변환된 말은 **자연어 이해**Natural language understanding라는 인공지능 기술을 통해 문장이 가진 의미를 해석하고 어떤 내용을 담고 있는지 파악하는 과정을 거칩니다. 그리고 이 역시 사전에 학습한 대량의 대화 데이터를 기반으로 딥 러닝을 통해 학습된 인공지능 시스템에 전달하면 주어진 문장에 적합한 대화 내용을 생성할 수 있게 됩니다.

이때 사전에 학습한 대화 데이터가 무엇인지에 따라 생성되는 대답 문장이 달라집니다. 이는 마치 아이가 좋은 환경에서 자라면 언어가 고와지지만 거친 환경에서 자라면 말이 거칠어지는 것과 같은 원리입니다. 2016년에 마이크로소프트에서 개발한 대화 인공지능 시스템—이를 **챗봇**이라고 합니다. 채팅을 하는 로봇의 약어입니다—**테이**^{Tay}가 운영 16시간 만에 서비스를 중단한 사건이 있었습니다. 이유는 일부 극우 성향 사용자들이 테이를 '세뇌'해 욕설, 인종·성 차별 발언, 자극적인 정치적 발언 등을 하도록 한 탓이라고 합니다. 사실 사람도 평소 읽는 책과 접하는 사람에 따라 생각이 좌우되고 하는 말이 달라질 수 있으니 어찌 보면 인공지능은 사람을 닮았습니다.

이렇게 사전에 학습한 대화 데이터에 따라 인공지능이 대화 문장을 완성하면 이제는 이를 대화 상대인 사람에게 전할 차례입니다. 이때 사용되는 기술이 **음성합성변환**^{Text-To-Speech translation, TTS}입니다. 문장의 구성 내용을 사람이 들을 수 있는 말(소리)로 변환하는 것으로, 원래 이 기술은 인공지능과는 무관합니다. 사전에 사람이 녹음한 음소들을 조합해 소리로 만들어내는 기술인데, 조합한 소리가 듣기에 조금은 어색하고 자연스럽지 않다는 문제점이 있었습니다. SF 영화에 등장하는 로봇의 목소리가 대체로 이런 식입니다. 하지만 최근 들어 음성합성변환 분야에도 딥 러닝을 적용해 훨씬 더 사람에 가까운 자연스러운 음성을 만들고 있습니다.

이런 과정들을 거쳐 인공지능 스피커와 사람이 대화를 나누는 것입니다. 이때 날씨를 묻거나 음악 추천을 요구하는 등의 특정 대화에서는 인공지능 시스템이 대화 주제와 관련된 시스템에서 해당 정보를 가져와서 대화 내용에 포함한 뒤 전달하거나 음악 재생 프로그램을 조작해 음악을 틀어줍니다.

인공지능의 한계와 발전 가능성

그런데 왜 우리 집 인공지능 스피커는 바보같이 말도 잘 못 알아듣고 엉뚱한 대답을 하곤 할까요? 사실 인공지능은 크게 두 가지로 분류됩니다.

좁은 인공지능 또는 **약한 인공지능**Artificial Narrow Intelligence, ANI이라고 부르는 것과 **일반 인공지능** 또는 **강한 인공지능**Artificial General Intelligence, AGI으로 구분할 수 있습니다. 우리가 지금까지 접하고 있는 모든 종류의 인공지능은 좁은 인공지능입니다. 좁은 인공지능은 특수한 목적만을 위해 개발된 시스템을 의미합니다. 앞서 이야기한 알파고, 듀플렉스는 물론 IBM의 왓슨 의료 진단 시스템, 넷플릭스의 영화 추천 시스템 등이 여기에 해당하며 오늘날 인공지능이라고 말하는 모든 것입니다. 이런 인공지능 시스템은 개발된

그림 4-2 인공지능의 분류

유형	설명	예시
약한 인공지능	주어진 조건에서만 작동 가능한 인공지능	• 구글 알파고 • IBM 왓슨 • 카네기멜론대 딥 블루
강한 인공지능	인간과 같은 사고가 가능한 인공지능	• 〈아이언맨〉의 자비스 • 〈허HER〉의 사만다 • 비서 로봇
초인공지능	모든 영역에서 인간을 뛰어넘는 인공지능	• 〈어벤저스〉의 비전 • 〈터미네이터〉의 스카이넷

출처: samstory.coolschool.co.kr

목적에는 잘 부합하지만 다른 용도로는 사용할 수 없습니다.

반면 일반(강한) 인공지능은 마치 사람처럼 다양한 분야에서 학습을 통해 능력을 향상할 수 있는 시스템입니다. 하나의 시스템으로 대화도 나누고, 바둑도 두고, 그림도 그리고, 작곡도 하고, 주식 투자 의사결정도 할 수 있는 시스템이며 더 나아가 학습을 거듭하면서 사람을 뛰어넘는 지능을 가질 수 있는 시스템을 의미합니다. 영화 〈아이 로봇I, Robot〉에 나오는 소니나 〈바이센테니얼 맨Bicentennial Man〉에 나오는 앤드루가 일반 인공지능입니다. 사람처럼 감정을 느낄 수 있고 새로운 분야를 스스로 배우는 능력을 가질 수도 있습니다. 이를 **초인공지능**Artificial Super Intelligence, ASI이라 부르기도 합니다. 이런 인공지능의 개발은 현재 불가능합니다. 그리고 일반 인공지능 시스템이 언젠가 미래에 등장할 수 있을 것인가의 가능성에 대해서도 의견이 분분합니다.

인공지능의 발전이 가져올 미래의 변화

인공지능이 발전해 인간과 유사한 능력을 가지게 될 미래에 대해 긍정적인 전망을 하는 그룹과 부정적인 전망을 하는 그룹이 있습니다. 긍정적인 전망을 하는 대표적 인물은 페이스북의 창업자 **마크 저커버그**입니다. 그리고 부정적인 전망의 대표 인물은 테슬라Tesla로 유명한 **일론 머스크**Elon Musk(1971~)입니다. 이 두 사람은 2017년 7월 서로의 주장을 내세우며 대립하기도 했답니다. 머스크는 "AI는 인간 문명의 존재에 대한 근본적 위협이 될 것"이라며 인공지능 개발에 규제가 필요함을 이야기했습니다. 반면 저커버그는 자신의 집에서 바비큐 파티를 하며 진행한 페이스북 라이브에서 인공지능에 대해 "회의론자나 종말론 시나리오를 선전하는 사람을 이해할 수 없다. 너무 부정적이며, 어떤 방식으로는 정말로 무책임하다고 생각한다"라고 말했습니다.

인공지능 컴퓨터의 발전이 인류에게 축복이 될지 재앙이 될지는 SF 영화에서도 극명하게 갈립니다. 영화 〈매트릭스〉The Matrix와 〈바이센테니얼 맨〉을 보면 알 수 있습니다. 하지만 미래는 알 수 없습니다. 우리의 결정에 따라 변화하기 때문이지요.

딥 러닝의 학습은 어떻게 이루어질까요

딥 러닝을 이용한 인공지능은 어떻게 학습할까요? 아주 간단한 예를 들어 알아보겠습니다. 그림 4-3을 보겠습니다. 여러분은 네 번째 결괏값에 어떤 수가 올 것 같은가요? 예측이 가능하지 않은가요?

그림 4-3에는 결괏값을 구하는 수식이 적혀있지 않습니다. 데이터만 있을 뿐입니다. 그런데 우리는 어렸을 때 구구단을 배웠습니다. 어렸을 때 구구단 딥 러닝을 한 셈입니다. 그래서 네 번째 결괏값에 무슨 수가 올지 예측할 수 있는 것입니다.

딥 러닝은 인공지능 컴퓨터의 신경망 회로에서 주어진 데이터에 관한 규칙과 원리를 스스로 학습해 새로운 데이터가 주어졌을 때 기존 데이터에서 학습한 내용을 바탕으로 새로운 추론을 할 수 있는 시스템입니다. 예를 들어 무수히 많은 개의 사진을 학습한 뒤

그림 4-3 인공지능 학습 데이터(예시)

A값	B값	결과
2	4	8
3	5	15
4	6	24
5	7	?

학습 데이터에 없던 새로운 개의 사진과 고양이의 사진을 입력하면 개인지 고양이인지 맞힐 수 있는 것입니다. 이때 학습하는 데이터가 매우 중요합니다. 그림 4-3에서도 학습 데이터가 어떠한 규칙 없이 정해진다면 네 번째 결과를 정확히 예측할 수 없습니다.

다만 이는 학습 데이터에 의한 추측일 뿐 실제 값은 다를 수도 있습니다. 예를 들면 진짜 수식이 A값에 B값을 7로 나눈 나머지를 곱하는 것이라면 네 번째 결괏값은 여러분이 생각하는 그 수가 아닙니다. 0이 되지요. 다만 대부분 여러분이 생각한 그 수가 맞습니다.

이렇듯 딥 러닝 방식에 기반한 인공지능이라도 완벽할 수는 없습니다. 다만 이 경우는 학습에 사용된 데이터가 적기 때문입니다. 만약 학습에 훨씬 더 많은 데이터가 주어졌다면 비록 숨어 있는 공식이 A×MOD(B,7)이었다고 해도 찾아낼 수 있었을 것입니다. 머신 러닝이든 딥 러닝이든 학습 데이터의 정확도와 질이 매우 중요한 이유입니다. 좁은 인공지능에서 학습 데이터는 시스템의 품질을 결정하는 핵심입니다. 빅데이터가 각광받는 이유입니다.

테슬라와
자율주행

요즘 **테슬라 전기 자동차**의 인기가 꽤 높습니다. 미래의 자동차는 전기 자동차가 될 것이라고 많은 사람이 이야기하지만 테슬라 자동차가 다른 차들보다 뛰어난 자율주행 기능을 가지고 있기 때문에 그런 듯합니다. 이미 우리 주변에 전기 자동차가 많이 늘어났습니다. 그리고 최근에 출시하는 차량의 경우 자율주행Autonomous Vehicle, AV 기능을 가졌다고 하는 차도 많습니다.

그러면 왜 미래의 차는 전기 자동차가 대세가 된다고 할까요? 가장 먼저 떠오르는 이유는 전기 자동차가 친환경이라는 점입니다. 기존 휘발유나 디젤유를 연료로 사용하는 차는 배기가스를 뿜지만 전기 자동차는 공해 물질을 전혀 배출하지 않습니다. 전기 자동차의 장점은 이것뿐일까요? 전기 자동차의 단점은 없을까요? 그리고 자율주행 자동차는 어떻게 스스로 도로를 주행할까요? 자율주행 자동차가 대중화되면 세상은 어떻게 바뀔까요? 이 장에서는 미래 자동차의 기준이 될 것이라고 하는 전기 자동차와 자율주행 자동차에 대해 알아봅시다.

전기 자동차는 첨단 자동차일까요

우리는 전기 자동차가 첨단 자동차라고 알고 있습니다. 그러나 전기 자동차는 놀랍게도 우리가 오래전부터 이용하고 있는 **내연기관**(휘발유나 디젤유를 연료로 사용하는 기관) 자동차보다 더 오래된 역사가 있습니다. 1769년 프랑스의 **니콜라 퀴뇨**^{Nicolas-Joseph Cugnot}(1725~1804)가 증기기관을 설치한 최초의 자동차를 개발한 이래 사람들은 말이 끌지 않고 스스로 달리는 마차에 매료되었습니다. 이후 많은 사람이 자동차 개발에 뛰어들었는데, 먼저 개발이 시작된 것이 전기 자동차였습니다. 1881년 프랑스의 **구스타프 투르베**^{Gustave Trouvé}(1839~1902)가 최초로 대중 앞에서 전기 자동차를 선보였으며, 1889년에는 시속 100km가 넘는 속도를 기록한 전기 자동차도 등장했습니다. 반면 내연기관 자동차는 1885년에 **카를 벤츠**^{Karl Benz}(1844~1929)가 최초로 개발했습니다.

당시 조용하고 다루기 쉬운 전기 자동차는 꽤 인기를 끌었습니

그림 4-4 1881년 최초로 선보인 전기 자동차

출처: 위키피디아

다. 하지만 배터리 기술은 아주 초보적인 수준이어서 충전 후 주행거리가 얼마 되지 않았습니다. 이후 내연기관 엔진의 기술이 발전하자 전기 자동차는 주류가 되지 못하고, 보다 가볍고 장거리 주행이 가능한 내연기관 자동차에 밀려납니다. 이후 내연기관 자동차가 세상의 중심이 되었습니다.

1980년대에 들어서면서 자동차가 내뿜는 매연 때문에 환경오염이 심각하다는 문제가 떠오르자 미국 캘리포니아주에서는 자동차 회사에 매년 배기가스가 전혀 없는 차량을 일정 비율만큼

만들도록 의무화했습니다. 이때 미국 자동차 회사인 **제너럴 모터스**General Motor, GM에서 EV1이라는 혁신적인 전기 자동차를 1996년부터 생산했습니다. 지금 도로에서 주행해도 손색없는 전기 자동차입니다. 그런데 이 차는 판매되지 않고 리스 방식으로만 제공되었으며 그나마도 1999년까지만 생산되었습니다. 전체 생산 대수도 1,117대에 불과했습니다. 당시의 기술적인 문제도 있었겠지만 의무 생산이 캘리포니아주에만 국한되었고 기존 내연기관 자동차의 판매가 더 중요했기 때문이었습니다.

그리고 다시 전기 자동차는 세상에서 잊힙니다. 그러다가 2008년에 **테슬라 로드스터**Tesla Roadster가 등장하면서 오늘날 테슬라 자동차의 역사가 시작됩니다.

전기 자동차의 장점과 단점

전기 자동차는 내연기관 자동차와 달리 어떤 장점이 있을까요? 무엇보다도 달릴 때 배기가스를 전혀 배출하지 않는다는 점이 있습니다. 그리고 구조가 단순합니다. 어렸을 때 건전지를 넣고 무선으로 조종하며 가지고 놀던 장난감 자동차를 기억하시나요? 기본 구조가 이와 거의 비슷합니다. 배터리와 모터만으로 달리는 구조이니까요. 그러나 내연기관 자동차는 기본적으로 엔진과 변속기, 연료탱크와 연료공급 장치가 있어야 하고 엔진을 원활히 작동하기 위해 윤활 장치와 냉각 장치가 있어야 합니다. 그리고 동력을 전달하는 과정도 훨씬 복잡하지요. 또한 전기 자동차는 무게의 대부분을 차지하는 배터리를 차량 바닥에 설치하기 때문에 차의 내부 공간이 넓을 뿐만 아니라 무게중심이 낮아 달릴 때 안정성이 더 좋다고 합니다. 그리고 모터를 여러 개 달면 차량의 성능이 훨씬 좋아집니다. 그렇다면 단점은 무엇일까요?

우선 배터리 충전 시간이 오래 걸립니다. 일반 자동차는 주유소에서 5분이면 연료를 가득 채울 수 있지만 전기 자동차는 배터리의 80% 정도만 충전하는 데도 최소 30분 이상이 걸리며 100% 충전하려면 몇 시간이 걸립니다. 그리고 여름에 에어컨을 가동하거나 겨울에 히터를 가동해 전기를 소모하면 주행할 수 있는 거리가 많이 짧아집니다. 내연기관의 경우 여름에는 에어컨으로 연비가 조금 떨어지지만 겨울에는 히터가 뜨거운 엔진을 이용하기에 연비 차이가 거의 없습니다. 하지만 이러한 전기 자동차의 단점들은 기술의 발전으로 가까운 시일 내에 해결될 것입니다.

더 중요한 문제는 충전 시설입니다. 전기 자동차는 충전에 오랜 시간이 걸리기 때문에 집 근처에 주차한 상태에서 충전하는 것이 편합니다. 우리나라와 같이 대부분이 아파트에서 거주하는 상황에서는 아파트 주차장에 충전기를 많이 설치해야 합니다. 그런데 설치 비용, 누가 설치해야 하는가 등의 문제로 충전소의 수가 원활히 늘어나지 않고 있습니다. 이에 관한 대안으로 수소 자동차Hydrogen Vehicle, HV를 이야기하기도 합니다.

수소 자동차는 전기 자동차와 어떻게 다를까요

수소 자동차에 대해 들어보셨을 것입니다. '수소 연료로 달리는 차라고 하니 전기 자동차와는 다른 작동 방식인가?'하고 생각할 수도 있습니다. 한마디로 이야기하면 충전 방식은 다르지만 주행 방식은 전기 자동차와 같습니다. 수소 자동차는 수소 충전소에서 고압 수소를 휘발유처럼 차에 주입하면 충전이 끝납니다. 하지만 휘발유처럼 5분 만에 연료를 다 채울 수 있는 것은 아닙니다. 이렇게 수소를 채우면 차의 내부에 있는 **연료전지**Fuel cell가 수소를 산소와 반응시켜 전기를 만들어냅니다. 이렇게 만들어진 전기로 모터를 돌려 주행하는 방식입니다.

수소 자동차가 관심을 끄는 이유는 전기 자동차의 충전 문제 때문입니다. 전기 자동차가 충전 시간이 오래 걸리고 충전할 곳도 마땅치 않아서 기존 주유소와 같은 수소 충전소에서 짧은 시간 내에 충전할 수 있다면 좋겠다고 생각한 것이지요. 그러나 수소 자동차도 여러 문제점이 있습니다.

우선 수소 충전소의 설치는 전기 충전소의 설치와는 비교할 수 없을 정도의 많은 비용이 듭니다. 그리고 수소 충전소가 안전하다고는 하지만 폭발 위험이 조금이라도 있는 고압 수소 탱크를 설치해야 하기에 주택가 중심에는 설치할 수 없습니다. 또한 수소를 공장에서 만든 후 충전소까지 트럭으로 운송해야 하기 때문에 기존 휘발유와 같은 유통 체계와 물류 비용이 필요합니다. 차의 구

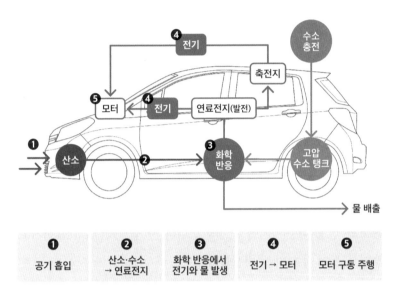

그림 4-5 수소 자동차의 작동 과정

❶	❷	❸	❹	❺
공기 흡입	산소·수소 → 연료전지	화학 반응에서 전기와 물 발생	전기 → 모터	모터 구동 주행

출처: 한국과학 기술기획평가원

조도 복잡합니다. 수소 탱크와 연료전지가 있어야 하며 수소와 산소의 화학 반응을 위해 산소가 필요하기 때문에 외부에서 빨아들인 공기를 필터로 정화해서 연료전지에 공급하는 공기정화 장치도 필요합니다. 따라서 차량의 가격도 올라갑니다. 만약 전기 자동차의 배터리 기술이 발전하고 충전소가 널리 보급된다면 굳이 수소 자동차를 이용할 필요가 없어질 수도 있습니다.

무엇이 자율주행 자동차인가요

자동차에 달린 여러 기능 중 평소에 자주 사용하는 것은 얼마나 될까요? 소위 옵션에 따라 자동차 가격이 많이 달라지는데 굳이 비싼 돈을 내고 옵션을 달아야 할지 고민하게 됩니다. 그런 기능 중에 오래전부터 있던 기능이 **크루즈 컨트롤**Cruise control입니다. 우리말로 **정속 주행 장치**라고 하며 일정 속도를 유지하게끔 맞추어 놓으면 액셀을 밟지 않아도 차가 지정한 속도로 주행하는 장치입니다. 그런데 뻥 뚫린 길이라면 몰라도 가다가 막히는 길에선 쓸모가 거의 없었습니다. 이후 스마트 크루즈 컨트롤 기능이 나왔습니다. 지정한 속도로 가다가 차가 막히면 스스로 속도를 줄이고 그러다 길이 뚫리면 원래 설정한 속도로 다시 스스로 속도를 올리는 기능입니다. 사실상 가장 기본적인 자율주행 기능입니다.

최신 자동차는 차가 막히면 자동으로 멈추었다가 앞차가 가면 다시 움직이고, 커브를 만나면 스스로 핸들을 조작해 커브를 돌고, 앞차가 갑자기 멈추거나 장애물이 나타나면 긴급제동까지 합니다. 그리고 옆 차로에 차량이 가까이 있으면 경보음을 울리기도 합니다. 이것이 지금의 자동차에서 경험할 수 있는 자율주행 관련 기능들입니다. 테슬라의 오토파일럿Autopilot 기능은 내비게이션에 목적지를 설정하면 알아서 주행합니다. 그리고 교차로에서 회전하고 차로를 바꾸어야 할 때는 스스로 차로도 변경합니다. 또한 주차된 차를 호출하면 주인이 있는 곳까지 스스로 주행해서 찾아

그림 4-6 자율주행차 기능 5단계

단계	기능 내용
레벨1	스마트 크루즈 컨트롤, 차선 유지 기능을 통해 운전자를 보조하는 단계입니다. **주행 중에 발생하는 변수의 감지와 주행 책임은 모두 운전자에게 있습니다.**
레벨2	특정 조건에서 일정 시간 동안 차량의 조향과 가감속을 차량과 운전자가 동시에 제어할 수 있는 단계입니다. 완만한 커브에서의 조향과 앞차와의 간격을 유지하는 보조 주행이 가능합니다. **운전자는 항상 주행 상황을 모니터링해야 하며, 시스템이 인지하지 못하는 상황에는 즉시 운전에 개입해야 합니다.** 테슬라의 자율주행이 해당합니다.
레벨3	고속도로와 같은 특정 조건의 구간에서 시스템이 주행을 담당하며, 위험 시에만 운전자가 개입하는 단계입니다. 주행 제어와 주행 중 변수 감지는 시스템이 담당하며, 2단계와 다르게 상시 모니터링을 요구하지 않습니다. 다만 **악천후 같은 특정 조건에서는 운전자 개입이 요청되는 단계입니다.**
레벨4	대부분의 도로에서 자율주행이 가능합니다. 주행 제어와 주행 책임이 모두 시스템에 있습니다. **제한 상황을 제외한 대부분의 도로에서 운전자 개입이 불필요합니다.**
레벨5	운전자가 불필요하며, 탑승자만으로 주행이 가능한 단계입니다. 탑승자는 목적지만 입력하며, **시스템이 모든 조건에서 주행을 담당합니다.** 완전한 자율주행입니다.

오게 할 수도 있습니다. 하지만 운전자는 주행 중에 늘 핸들에 손을 대고 있어야 합니다. 즉 항상 주의를 기울이고 있어야 한다는 의미입니다. 아직 완전한 자율주행은 아닌 셈입니다. 완전 자율주

행까지 자율주행 자동차를 5단계로 구분하고 있습니다.

　아직까지 레벨3 이상의 자율주행 자동차는 구입할 수 없습니다. 다만 자동차 회사에서 시험적으로 개발하고 있습니다. 따라서 레벨5가 등장하기 전까지는 항상 차 안에 운전자가 있어야 하며 완전한 자율주행 기능을 사용할 수는 없습니다. 어린 시절 가지고 싶었던 키트K.I.T.T를 가지려면 좀 더 기다려야 할 것 같습니다.

자율주행 자동차의 주행 원리

자율주행 자동차는 움직이는 컴퓨터 시스템입니다. 다양한 센서를 장착하고 있으며 센서에서 실시간으로 데이터를 받아 분석하고 계산하고 이를 바탕으로 핸들 및 브레이크를 조작하기 위한 의사결정을 합니다. 그림 4-7은 자율주행 자동차에 탑재된 여러 가지 센서입니다. 카메라는 물론 초음파 센서, 레이다는 물론 **라이다**Laser Imaging Detection And Ranging, LIDAR도 포함됩니다. 라이다는 레이저를 사방으로 발사해서 주변 현황을 3D로 인식하는 센서입니다.

　이런 다양한 센서가 실시간으로 전달하는 데이터를 이용해 주변 상황을 분석하고 내비게이션의 지도 데이터를 바탕으로 현재 위치와 속도 등을 고려해 차로 변경 및 교차로 회전, 속도 조절 등을 수행합니다. 그러나 아직까지는 레벨5를 만족하는 센서 체계는 개발되지 못했습니다.

그림 4-7 자율주행 자동차의 여러 센서

자동
속도 조절
크루즈 컨트롤

충돌 방지 경고
자동 긴급 제동
보행자 경고

차선 유지 및
경고

교통 안내
표지판 인식

충돌 경고

주차 지원

서라운드 뷰

서라운드 뷰

사각지대
감시

주차 지원

후방 추돌

주차 지원,
서라운드 뷰

■ 장거리 레이다　　■ 중거리·근거리 레이다
■ 라이다　　■ 초음파센서
■ 카메라

출처: intellias.com

레벨5 자율주행 기능이 보급된 미래

레벨5 자율주행 자동차가 개발되고 대중화되면 운전을 안 해도 편하게 목적지에 갈 수 있는 것 이상의 일들이 세상에서 벌어질 것입니다. 다음은 자율주행 자동차가 대중화된 세상을 예측한 결과입니다.

- 자율주행 자동차가 100% 보급된 세상에는 도로 위에 경적 소리가 없을 것입니다.
- 자율주행 자동차는 서로 부딪치지 않으며 단체 주행을 할 것입니다. 이때 서로 정보를 주고받아 에너지 효율을 극대화해 주행할 것입니다.
- 자율주행 기술이 100% 안전성을 보장할 수는 없습니다. 다만 사람이 운전했을 때보다 더 사고율이 낮다는 것이 입증되면 보급 속도에 박차를 가할 것입니다.
- 자율주행 자동차가 보급되면 대도시의 주차장을 다른 용도로 활용할 수 있습니다. 예를 들어 LA는 도시 면적의 81% 정도 되는 도시 내 주차장 전체 면적을 다양한 용도로 활용할 수 있게 될 것입니다.
- 자율주행 자동차를 위해 도로에 특별한 장치를 설치하지는 않을 것입니다. 들어가는 비용이 막대할뿐더러 계속해서 자율주행의 기술이 발전할 것이기 때문입니다.
- 자율주행 자동자가 보편화되면 나음 네 가지가 획기적으로 바뀔 것입니다. 자동차 사고 인명 피해 감소, 자동차 관련 인건비 감소, 자동차를 운전하는 데 사용되는 시간 감소, 자동차 사고의 사전 방지로 인한 자동차의 경량화 및 이에 따른 에너지 소모량 감소입니다.

전 세계의 수많은 자동차 기업 및 IT 기업에서 자율주행 자동차 관련 기술에 대한 연구 개발을 진행하고 있습니다. 구글의 **웨이모**Waymo를 비롯해 애플과 엔비디아NVIDIA 등의 IT 기업과 테슬라, 벤츠, 아우디, 현대차 등 자동차 기업이 자율주행 분야에서 경쟁하고 있습니다. IT 기업과 자동차 기업 중 어느 쪽이 자율주행 자동차 시장의 주도권을 가지는가에 따라 시장의 모습도 달라질 것입니다. 레벨5 수준의 자율주행 기술은 언제쯤 실용화되는지에 대해서도 많은 의견이 있습니다. 하지만 그리 멀지 않은 미래에 등장할 것이라 기대합니다.

자율주행 자동차가 풀어야 할 숙제

기술적인 어려움을 극복하고 레벨5 수준의 자율주행 자동차 기술을 개발했다고 해도 운전자가 없이 운행하면 여러 문제점이 생길 수 있습니다. 어떤 문제점이 있을까요?

먼저 **날씨 문제**가 있습니다. 눈이 내리거나 안개가 끼거나 비가 많이 오는 등 날씨가 좋지 않은 상황에서 기존 센서에 의존한 자율주행이 어려울 때 문제가 될 수 있습니다. 이런 경우 사람이 직접 운전하면 되겠지만 자율주행이 일상화되면 사람들이 운전하는 방법을 잊어서 사고가 날 수 있습니다.

운행 중인 상황에서 자율주행 자동차의 센서나 기타 장비 등 **기기 고장** 시 안전에 문제가 생길 수 있습니다.

해킹 등의 보안 문제로 완전 자율주행 자동차가 운행 중 외부 해커에 의해 자동차의 컴퓨터 시스템을 공격받을 경우도 생각해볼 수 있습니다. 해커가 자율주행 자동차를 해킹해서 타고 있는 사람을 원하는 곳으로 납치할 수도 있겠습니다.

마지막으로 **책임 및 윤리적 문제**입니다. 자율주행 자동차끼리 사고가 났을 때 사고의 책임은 누구에게 있을까요? 그리고 만약 자율주행 자동차의 앞에 사람이 갑자기 뛰어들어 이를 피했는데 절벽을 맞닥뜨리면 자동차는 어떻게 판단해야 할까요? 운전자를 보호해야 할까요, 차 앞의 사람을 보호해야 할까요?

이에 해당하는 대표 예시로 **트롤리 문제**Trolley problem가 있습니다. 문제의 내용은 다음과 같습니다. 전차가 운행 중 이상이 생겨 제어

그림 4-8 트롤리 문제

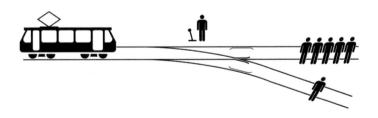

출처: 위키피디아

불능 상태가 되었습니다. 이대로는 선로에 서 있는 5명이 치여 죽고 맙니다. 그런데 다행히도 내가 선로 전환기 옆에 있고, 전환기를 돌려서 전차를 다른 선로로 보냄으로써 5명을 살릴 수 있습니다. 하지만 문제는 그 다른 선로에 1명이 있어서 전환기를 돌리면 그 사람이 치여 죽고 맙니다. 어느 쪽도 대피할 시간은 없습니다. 이때 도덕적 관점에서 내가 선로 전환기를 어떻게 해야 할까요?

메타버스와
AR, VR, MR, XR

많은 사람이 가상 현실에 대해 이야기할 때 빠지지 않고 등장하는 영화가 있습니다. 바로 2018년에 개봉한 스티븐 스필버그 감독의 영화 〈레디 플레이어 원Ready Player One〉입니다. 가상 현실을 소재로 하며 가장 최근에 만들어진 현실감 있는 영화입니다.

여러분은 최근 '메타버스Metaverse'라는 용어를 들어본 적이 있나요? 그리고 오래전 용어이지만 사이버 스페이스Cyber space라는 단어는 친숙한가요? 메타버스에 대해 정의하자면, 가상 현실과 증강 현실Augmented Reality, AR 기술이 발전하면서 인터넷을 기반으로 한 확장된 사이버 스페이스라고 할 수 있습니다. 즉 가상 현실 및 증강 현실 기술과 인터넷이 결합되어 만들어진 가상 세계이거나, 현실 세계와 가상 세계를 혼합해 구성한 다양한 세계를 의미합니다. 메타버스를 물리학의 개념을 빌려 평행우주라고 이야기한 책도 있는데 공감이 가는 이야기입니다.

메타버스란 무엇인가요

메타버스라는 용어는 1992년 **닐 스티븐슨**^{Neal Stephenson}(1959~)의 SF 소설 『스노 크래시^{Snow Crash}』에서 유래했다고 합니다. 저자는 소설에서 메타버스에 대해 다음과 같이 설명하고 있습니다.

|||||||||||||

"양쪽 눈에 서로 조금씩 다른 이미지를 보여줌으로써, 삼차원적 영상이 만들어졌다. 그리고 그 영상을 1초에 72번 바뀌게 함으로써 그것을 동화상으로 나타낼 수 있었다. 이 삼차원적 동화상을 한 면당 이 킬로픽셀의 해상도로 나타나게 하면, 시각의 한계 내에서는 가장 선명한 그림이 되었다.

(중략)

그는 컴퓨터가 만들어내서 그의 고글과 이어폰에 계속 공급해주는 가상 세계에 들어가게 되는 것이었다. 컴퓨터 용어로는 '메타버스'라는 이름으로 불리는 세상이었다."

|||||||||||||

메타버스라고 부르지는 않았지만 수많은 SF 영화에서 유사한 개념을 다루고 있습니다. 1999년 개봉한 영화 〈매트릭스〉는 궁극의 가상 세계를 다룬 영화입니다. 같은 해에 개봉한〈13층The Thirteenth Floor〉도 좋은 영화입니다. 그리고 인터넷이 세상을 본격적으로 연결하고 웹 사이트가 거의 모든 영역에서 중심이 되어가던 2000년대 초반에 이미 메타버스를 구체적으로 구현하고 사업화까지 한 기업이 있었습니다. 미국의 **린든랩**Linden Lab이 개발하고 2003년부터 서비스를 시작한 **세컨드 라이프**Second Life입니다. 2013년에 사용자가 100만 명에 이르기도 했지만 이후 성장이 멈추었고 2020년에 한 투자사에 매각되었습니다. 한때 세컨드 라이프 안에서 사업을 통해 매월 5,000달러 이상 수익을 버는 사람들도 있었을 만큼 화제가 되었습니다. 하지만 인기는 점차 식어갔습니다.

그런데 다시 유사한 개념이 메타버스라는 용어로 등장하며 화제가 되고 있습니다. 2020년부터 전 세계를 강타한 코로나 때문이었을까요? 거리두기와 재택근무 등으로 인한 언택트Untact 열풍 때문일까요? 우리나라에서도 네이버의 자회사인 네이버제트에서 가상 세계와 3D 아바타를 연계한 '제페토ZEPETO'라는 서비스를 통해 많은 사용자를 유치했고 유명 패션회사와 제휴를 맺어 비즈니스 모델을 만들고 많은 매출을 거두고 있다고 합니다.

메타버스는 가상을 의미하는 '메타Meta'와 '우주Universe'의 합성어로, 컴퓨터를 통해 만들어진 가상 세계를 뜻합니다. 메타버스는 오락, 게임에만 머무르지 않습니다. 미국의 **임머스드**Immersed는 가상 세계에 모여 회의와 토론을 할 수 있는 서비스를 제공하고 있습니다. 사용자들은 가상 현실 헤드셋을 착용하고 임머스드의 가상 업무 공간에 접속하면 마치 한 공간에 모여 있는 것처럼 회의를 하거나 다른 사용자와 화상 통화도 할 수 있다고 합니다. 세컨드 라이프나 네이버의 제페토 등의 가상 세계는 컴퓨터나 스마트폰 화면을 사용합니다. 그러나 보다 실감 나는 가상 현실을 위해서는 역시 가상 현실 헤드셋이 필요합니다.

가상 현실 헤드셋

가상 현실을 3차원 입체 영상으로 실감 나게 체험할 수 있도록 만들어진 장치를 가상 현실 헤드셋이라고 합니다. 가장 단순한 제품으로 구글이나 삼성에서 나왔던 카드보드 VR 헤드셋이 있습니다. 종이나 플라스틱으로 만들어졌으며 스마트폰을 장착해 사용하는 것입니다. 스마트폰에 전용 앱을 설치하고 특수 렌즈가 설치된 헤드셋에 스마트폰을 끼우면 스마트폰 화면을 2개로 나누어 좌우의 눈에 각각 비추어줍니다. 가격이 몇만 원 수준으로 저렴한 것이 장점이지만 스마트폰 화면을 사용하기 때문에 현실감은 떨어집니다.

전문적인 VR 헤드셋으로 가장 유명한 회사는 **오큘러스**Oculus입니다. 2012년에 설립된 VR 헤드셋 개발 전문 회사로, 2014년 3월에 페이스북이 23억 달러에 인수해 유명해졌습니다. 최근에 오큘러스 퀘스트2라는 비교적 저렴하면서 성능이 뛰어난 VR 헤드셋을 개발해 선풍적인 인기를 끌고 있습니다.

VR 헤드셋은 안에 2개의 독립적인 디스플레이가 있습니다. 이 두 디스플레이는 왼쪽과 오른쪽 눈에 각각 2개의 독립된 영상을 보여주어 사람이 마치 현실 세계에 있는 것 같은 3차원 입체감을 느끼게 해줍니다. 또한 다양한 센서를 장착해 사람의 움직임에 따라 영상을 연동해 보여줌으로써 마치 가상 세계속에 실제로 들어가 있는 것같이 느끼게 해주는 장치입니다.

VR 헤드셋 내부에는 헤드셋의 움직임을 감지하는 센서가 여러 개 있는데 센서의 개수와 움직임을 감지하는 능력에 따라 사용자가 느끼는 현실감이 다릅니다. 이것을 **DoF**^{Degree of Freedom}이라고 부릅니다. 그림 4-9는 3DoF 기능의 헤드셋이 감지하는 움직임과 6DoF 헤드셋이 감지하는 움직임의 차이를 보여줍니다. 3DoF 헤드셋은 머리의 움직임만, 6DoF 헤드셋은 몸 전체 움직임을 감지할 수 있습니다.

영화 〈레디 플레이어 원〉을 보면 VR 헤드셋을 착용한 사용자가 실제로 달리거나 뛰어오르면 가상 현실에서도 똑같이 움직입니다. 그런데 만약 방 안에서 VR 헤드셋을 착용하고 그런 행동을 하면 현실 세계의 다른 물건에 부딪히거나 벽에 충돌할 위험이 있습니다. 영화에서는 그런 상황을 방지하고자 어떤 틀 안에서만 움직일 수 있도록 해주는 장치가 등장합니다. 이런 장치를 VR 플랫

그림 4-9 VR 헤드셋의 3DoF와 6DoF 비교

3DoF

6DoF

출처: venturebeat.com

폼 또는 VR 트레드밀이라고 부릅니다. 미국의 캣 VR^Kat-VR이라는
회사에서 그런 VR 플랫폼을 제공하고 있기도 합니다.

증강 현실은 무엇인가요

가상 현실이 VR 헤드셋을 착용하고 현실로부터 100% 벗어나서
완전한 가상 세계로 뛰어드는 것이라면, 증강 현실은 현실 세계에
가상 세계를 불러와서 합성하는 것을 뜻합니다. 우리가 주변에서

그림 4-10 구글 글라스를 착용한 모습

출처: 위키피디아

가장 쉽게 접할 수 있는 사례가 일부 자동차의 앞 유리에 있는 헤드업 디스플레이^{HUD}입니다. 전면 유리창에 현재 자동차의 속도는 물론 안전 경고, 길 안내 화살표 등을 눈앞의 풍경에 함께 보여줍니다.

그리고 가장 유명한 사례는 2013년에 구글에서 개발한 구글 글라스^{Google Glass}입니다. 안경처럼 생긴 장치에 카메라와 영상 표시 장치를 탑재한 것으로, 착용한 사람의 눈앞에 마치 자동차의 HUD와 같은 방식으로 정보를 표시해주는 기기입니다. 출시 당시에 많은 화제를 불러왔지만 시장에서 성공적으로 판매된 제품은 아니었습니다. 부착된 카메라 때문에 촬영하는 것처럼 보여서 상대방이 불편해하는 것이 큰 이유였다고 합니다. 아직까지 증강 현실 기술을 사용해 가장 성공한 사례는 2016년에 선풍적인 인기를 끌었던 '**포켓몬고**'입니다. 스마트폰을 이용한 게임으로 가상 현실이 무엇이고, 어떻게 사용할 수 있는지 분명하게 알게 해준 게임입니다.

향후 증강 현실은 다양한 분야에서 활용될 것입니다. 의료, 교육, 게임, 유통 등 여러 방면에서 유용한 기술로 사용될 수 있습니다. 다만 여전히 착용감을 더 좋게, 배터리가 오래 지속되게 만들 필요가 있습니다. 그리고 구글 글라스와 같이 사생활 침해에 대한 이슈(구글 글라스에 달려 있는 카메라가 모든 것을 녹화하는 문제)는 해결해야 할 숙제로 남아 있습니다.

혼합 현실과 확장 현실은 어떻게 다를까요

가상 현실이 완전한 가상 세계로 들어가는 것이고 증강 현실이 현실 세계에 가상 요소를 더해주는 것이라면, 혼합 현실Mixed Reality, MR은 현실 세계 속에 더해진 가상 요소를 마치 현실 속에 있는 물체처럼 보고 느낄 수 있게 해주는 기술입니다.

예를 들어 혼합 현실에서 가상 자동차를 내가 있는 현실 공간에 더해서 보여줄 때 가상 자동차를 마치 현실에 있는 자동차처럼 손으로 만지거나 문을 열고 안을 들여다볼 수 있게 만드는 것입니다. 이를 구현하기 위해서는 단순하게 현실 세계의 허공에 가상

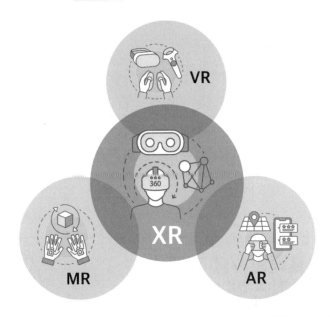

그림 4-11 VR, AR, MR, XR의 관계

출처: apu.edu.my

물체를 보여주는 것이 아니라 가상 물체를 위치, 크기, 이동에 따른 변화 등 현실 세계의 물리 법칙을 적용할 수 있도록 해야 하기 때문에 증강 현실보다 훨씬 높은 수준의 기술이 필요합니다. 또한 손으로 만질 수 있도록 특별한 장갑을 끼고 있어야 합니다. 이를 **데이터 장갑**Data glove이라고 합니다.

또한 혼합 현실 헤드셋은 VR 헤드셋과 달리 가상 현실과 현실 세계를 혼합해 다루어야 하기 때문에 헤드셋에 별도로 여러 개의 카메라가 설치되어 있습니다. 이를 통해 가상 현실의 그래픽과 현실 세계의 실시간 영상을 혼합해 헤드셋 안에서 보여줍니다. 이렇게 하면 마치 내가 있는 방 안에 자동차가 실제로 있는 것처럼 보이게 됩니다.

확장 현실eXtended Reality, XR은 앞서 이야기했던 VR, AR, MR 기술을 모두 통합해 구현하는 기술로서 궁극적인 확장 기술입니다. 확장 현실이 발전하면 사람들은 현실과 가상 세계의 구분이 더 이상 의미가 없는 세상에 살게 될지도 모르겠습니다.

대표적인 VR 헤드셋 오큘러스 퀘스트2

페이스북이 2014년에 23억 달러로 인수해 화제가 된 VR 헤드셋 제조 업체인 오큘러스는 다양한 제품을 출시했습니다. 하지만 최근에 출시한 퀘스트2Quest 2 제품의 인기를 따라갈 제품은 없습니다. 퀘스트2는 전작인 오큘러스 퀘스트의 뒤를 잇는 제품으로 2020년 10월 13일에 발표되었습니다. 가상 현실 분야에서 퀘스트2는 마치 스마트폰 분야에서 아이폰의 등장에 비유할 수 있을 것입니다. 지금까지 제대로 된 VR 헤드셋이 고가의 제품이었는데 이를 누구나 구매할 수 있는 가격대의 제품으로 만들었을 뿐만 아니라, 기본적으로 컴퓨터나 게임 콘솔에 유선 연결이 필요하던 것을 완전한 무선 연결 및 독립 작동 방식으로 만들었기 때문입니다. 이러한 장점을 바탕으로 2021년 1분기 전 세계 증강 현실, 가상 현실 헤드셋 시장에서 75%의 점유율을 기록했습니다.

오큘러스의 인기를 바탕으로 2021년 7월에 마크 저커버그가 페이스북을 '소셜미디어 회사에서 메타버스 기업으로 전환'하는 것이 목표라는 야심 찬 발언을 했습니다. 저커버그는 연설에서 "우리가 이 일을 잘한다면 앞으로 5년 정도 후에 사람들이 우리를 소셜미디어 회사에서 메타버스 회사로 볼 수 있도록 효과적으로 전환할 것이라고 생각한다"라고 말했습니다. 이후 그는 회사 이름을 페이스북에서 메타로 변경했습니다.

그러나 오큘러스 퀘스트2도 해결해야 할 문제들이 있습니다. 우선 사람의 신체적인 특성인 멀미 현상입니다. 가상 현실 앱의 종류에 따라 다르지만 일부는 사용자에게서 심한 멀미 현상을 일으켰습니다. 눈으로 인지하는 움직임과 실제 몸의 균형감각기관이 인지하는 신체 움직임의 차이 때문에 발생하는 것으로, 가상 현실이 본격적으로 활용되려면 해결이 필요합니다.

그리고 착용감 역시 중요한 과제입니다. 아직까지도 VR 헤드셋은 무겁고 눈을 누르는 압박감과 앞으로 쏠린 무게중심으로 인한 피로감 때문에 오랫동안 착용하기는 쉽지 않습니다. 보다 가볍고 착용감이 개선된 제품 개발이 필요합니다. 그리고 활용 가능한 앱 역시 더 많아져야 합니다.

그러나 이미 퀘스트2가 보여주는 가상 현실의 가능성만으로도

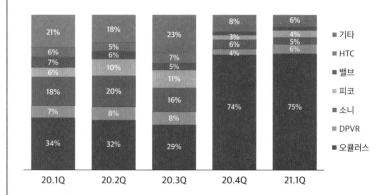

그림 4-12 세계 AR, VR 시장 점유율 변화

출처: 카운터포인트 리서치

미래에 가상 현실이 얼마나 중요한 기술이 될지 느낄 수 있습니다. 예를 들면 가상 현실 영상은 영화 산업의 미래를 바꿀 가능성이 있습니다. 흑백 무성영화에서 출발해 컬러영화를 거쳐 3D 입체영화관이 있으나 가상 현실 영상이 보여주는 현실감과 몰입감은 완전히 다른 차원의 경험을 제공합니다. 여러분도 한번 가상 현실 세계를 체험해보면 미래를 예감할 수 있을 것입니다.

상상을 현실로 만드는
3D 프린터

조 페나 Joe Penna(1987~) 감독의 2021년 독일 SF 영화 〈스토어웨이
Stowaway〉에서 3D 프린터를 사용하는 장면이 나옵니다. 팔을 다친
승무원에게 대어준 보호대가 다친 팔의 스캔 데이터를 토대로 우
주선에 있는 3D 프린터를 통해 즉석에서 만든 것이었습니다. 그
리고 2014년에 설립된 미국 기업인 액티브아머 ActivArmor에서는 실
제로 3D 프린터로 부목을 만들고 있습니다.

액티브아머의 3D 프린트 보호장구는 팔이나 다리를 다친 환자
의 환부를 정밀도가 높은 3D 스캐너로 스캔해 3D 모델을 만든
다음 의사의 진단에 따라 최적의 형태로 만들어집니다. 이때 강
도가 높은 ABS 수지 플라스틱이 재료로 사용됩니다. 이렇게 만

들어진 보호장구는 오직 자신만을 위한 것입니다.

이번에는 제조업의 미래 핵심 기술이라고 불리는 3D 프린터에 대해 알아보겠습니다.

3D 프린터의 종류

3D 프린터가 물건을 출력(프린팅)하는 방식에는 다양한 종류가 있습니다. '어떤 소재로 출력할 수 있는가?' '어떤 형태까지 출력할 수 있는가?' '얼마나 정밀한 출력이 가능한가?' 등 요구 사항에 따라 여러 가지로 출력 방식이 나뉩니다. 가장 일반적인 방식은 **FDM**Fused Deposition Modeling(용융수지 압출 조형) 방식인데 플라스틱 계열의 기다란 필라멘트를 조금씩 녹여 쌓아 모양을 형성하는 방식입니다. 글루건을 이용해서 녹은 액체를 쌓아가며 모양을 만든다고 생각하시면 쉽게 이해가 될 것입니다. 이 방식은 출력 소재로 열에 쉽게 녹는 플라스틱 계열만 사용할 수 있습니다.

다른 방식으로는 **광중합**Vat photopolymerization 방식이 있습니다. 이 경우는 액체 폴리머(플라스틱 액체로, 레이저 광선을 받으면 고체로 변한다) 통에 레이저 광선을 비추면 광선이 닿은 면이 고체로 변하는 성질을 이용해 모양을 형성합니다. 매우 정밀하고 표면이 매끈한 출력물을 얻을 수 있으나 역시 플라스틱 소재만 사용 가능합니다.

만약 금속으로 3D 프린터 결과물을 출력하고자 하는 경우에

그림 4-13 FDM 방식의 3D 프린터(상)와 광중합 방식 3D 프린터(하)

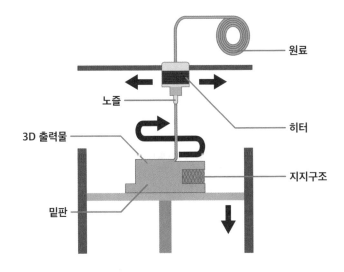

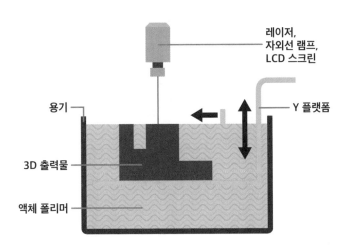

출처: make.3dexperience.3ds.com

그림 4-14 PBF 방식의 3D 프린터(상)과 MJ 방식의 3D 프린터(하)

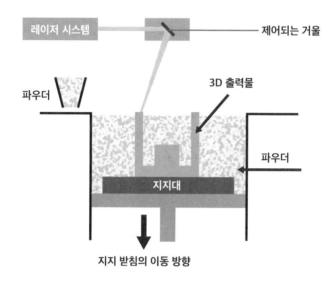

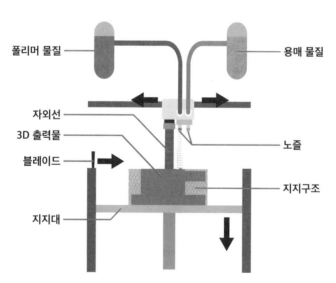

출처: make.3dexperience.3ds.com

는 금속 가루를 담은 통에 레이저 광선을 비추어 레이저가 닿는 부분의 금속을 녹여서 서로 붙게 만들어 모양을 출력하는 방식의 프린터를 사용해야 합니다. 이를 **분말소결 방식**^{Powder Bed Fusion, PBF} 3D 프린터라고 부릅니다. 원리는 앞서 이야기한 광중합 방식과 유사하나 폴리머 액체가 아닌 금속 가루를 사용한다는 점이 다릅니다. 그리고 마치 잉크젯프린터와 유사한 방식으로 한 층씩 인쇄를 하는 것처럼 폴리머를 분사해서 모양을 형성해가는 **MJ**^{Material Jetting} 방식도 있습니다.

3D 프린터의 의미

산업혁명 이후에 제조업은 대량 생산이라는 방식으로 꾸준히 제품의 가격을 낮추어왔습니다. 대량 생산이 아니라면 지금의 저렴한 가격으로 물건을 판매하기는 불가능했을 것입니다. 그러나 대량 생산은 사용자의 요구에 맞춘 개별적인 제품을 생산할 수 없습니다. 또한 제품을 생산하려면 사전에 많은 준비와 투자가 필요합니다. 3D 프린터는 이러한 문제점을 해결할 방안으로 생각되고 있습니다. 또한 앞서 이야기한 우주선 사례와 같이 현장에서 필요한 물건을 즉시 만들 수 있는 방법이기도 합니다. 전통적인 생산은 원료를 깎고 다듬어서 만드는 방식이지만 3D 프린터는 앞에서 이야기한 원리대로 원료를 차근차근 더해가면서 만든다고 해

그림 4-15 기존제조 공정과 적층제조 공정 비교

구분	기존 제조 공정	적층 제조 공정
제조 방식	• 금형을 주조해 부품을 생산하고, 이를 조립해 완성품 제작	• 원료를 한 층씩 적층해 조립 공정 없이 최종 완성품 제작
장점	• 대량 생산에 용이 • 단순한 형상의 제품 제작 용이	• 다품종 소량생산에 용이 • 복잡한 형상의 제품 제작 용이 • 1개 장비로 다양한 제품 생산 • 시제품의 제작 비용 및 시간 절감
단점	• 제품별로 서로 다른 금형, 생산라인 등이 필요 • 조립 같은 추가 공정 필요	• 일반제품 제조가 오래 걸림 • 표면의 정밀도가 다소 떨어짐

출처: 한양대학교 첨단제조연구실

서 적층 제조 공정 또는 **AM**Additive Manufacturing이라고 부릅니다. 이에 따라 기존 제조 공정을 절삭가공 또는 **SM**Subtractive Manufacturing이라 부릅니다.

3D 프린터 기술의 발전과 보급은 전자, 항공, 자동차, 의료, 교육 등 기술 집약형 산업에 재도약 기회를 제공할 것으로 전망됩니다. 또한 디지털 데이터화를 기반으로 한 디지털 시대의 개막과 함께 제조업과 정보 통신 기술 융합으로 새로운 산업 형태가 등장할 가능성도 있습니다. 제품을 직접 제작, 생산, 소비하는 **프로슈머**Prosumer=producer+consumer가 등장하며, 수요처에서 즉시 생산하

는 소비자 생산 방식 확산에 의한 **컨슈팩처러**Consufacturer=consumer+ manufacturer가 확산할 것으로 전망하고 있습니다.

3D 프린터의 활용 범위

3D 프린터는 다양한 분야에서 활용될 수 있습니다. 우선 산업 분야에서 정식 제품을 만들기 전에 설계한 내용을 기반으로 시제품을 빠르게 만들 수 있습니다. 설계한 도면에서 제품으로 변환해 출력하고 이를 검토해 정식 생산 이전에 문제점을 찾거나 개선하는 데 적용할 수 있습니다.

그리고 개인화한 주문을 위한 개별 특화 제품을 생산할 수도 있습니다. 예를 들면 패션 분야에서 단 한 사람만을 위한 주문을 받아 특별한 옷을 제작하는 데 사용될 수 있습니다. 스포츠 업체인 아디다스에서는 3D 프린터를 이용한 개인별 맞춤 제작 신발 제품을 출시하기도 했습니다.

의료 분야에서의 응용은 더욱 다양할 것입니다. 앞서 이야기한 부목은 물론 치아나 뼈를 3D 프린터로 제작할 수도 있고 인공 피부도 제작할 수 있습니다. 영국 뉴캐슬대학교에서는 사람 눈의 수정체를 3D 프린터로 제작한 사례가 있으며 프린스턴대학교에서는 인공 귀를 제작했다고 합니다.

미래에 각광받을 것으로 예상되는 3D 프린터의 또 다른 분야가 음식 프린팅입니다. SF 영화를 보면 우주선 내에서 원하는 메뉴를 누르면 음식이 만들어져 나옵니다. 이와 같이 사람에게 필요한 재료를 가지고 다양한 음식을 프린터로 만들 수 있다면 어떨까요? 실제로 3D 프린터로 식물성 스테이크를 만든 사례가 있습니다. 스페인의 바르셀로나에 있는 **노바미트**Novameat에서는 식물성 재료와 3D 프린터로 스테이크를 만들었습니다.

우리가 살고 있는 집은 예외일까요? 3D 프린터로 집도 지을 수 있습니다. 아주 거대한 프린터가 필요하겠지만 안 될 것도 없습니다. 마치 앞에서 설명한 FDM 방식과 비슷한 구조의 거대한 3D 프린터를 이용해 콘크리트를 쌓아주면 됩니다. 미국의 건설 회사인 **SQ4D**에서는 3D 프린터로 집을 짓고 있습니다.

이와 같이 3D 프린터의 용도는 향후 계속해서 늘어날 것입니다. 이제 누구나 자신만의 아이디어를 가지고 집에서 자신만을 위한 고유한 제품을 만들어낼 수도 있고 여러 사람이 협력해 설계 데이터를 공유함으로써 보다 복잡한 제품도 스스로 만들 수 있을 것입니다.

3D 프린터 기술이 해결해야 할 과제

활용 분야도 많고 장점도 많은 3D 프린터 기술이지만 해결해야 할 과제들도 있습니다. 가장 큰 기술적인 문제는 아직까지 3D 프린터로 뭔가를 만드는 데 시간이 많이 필요하다는 점입니다. 3D 프린터의 원리가 차곡차곡 원료를 쌓아가는 방식인데 이 과정에 시간이 오래 걸리기 때문입니다.

두 번째 문제는 다양한 원료가 필요한 제품을 만들 수 없다는 점입니다. 한 종류의 플라스틱 계열 재료를 사용하거나 단일한 금속 계열 원료의 제품을 만들기에 적합합니다. 다양한 원료로 구성된 제품은 만들기 어렵습니다. 그리고 일상생활에서 많은 제품이 유리로 만들어져 있는데 유리를 3D 프린터의 원료로 사용하는 기술은 아직까지 보급되지 않았습니다.

그리고 현재 기술 수준의 3D 프린터로 만든 제품은 표면이 아주 매끄럽지는 않습니다. 그래서 일반적으로 제품을 만든 후에 표면을 별도로 가공해 매끄럽게 만들어줍니다. 또한 프린터의 성능에 따라 조금씩 다르겠지만 일반적인 정밀 가공 공정으로 만든 제품과 비교할 때 정밀도가 떨어집니다.

마지막으로 불법 복제품 유통 문제가 있습니다. MP3 파일 기술이 나오면서 CD가 불법으로 복제 및 유통되어 음반 업계가 치명적인 피해를 받았듯이 설계 데이터 파일만 있으면 누구나 3D 프린터를 가지고 불법으로 물건을 만드는 세상이 올 수 있습니다. 그리고 3D 프린터로 총을 만든다면 이 역시 문제가 될 것입니다.

그런데 벌써 2017년에 영국의 한 대학생이 3D 프린터로 총을 만들어 체포된 사례가 있습니다. 런던 사우스뱅크대학에서 영화를 전공하고 있는 텐다이 무스웨어Tendai Muswere는 지난 2017년

10월 핌리코 소재 아파트에서 3D 프린터를 이용해 총기를 제작했습니다. 그런데 그가 만든 총이 너무나도 정교해 전문가들도 감탄했다고 합니다.

3D 프린터는 분명히 미래에 다양한 분야에서 활용될 것입니다. 그리고 기술의 발전에 따라 앞서 이야기한 문제점들도 극복할 것입니다. 머지않은 미래에 온라인으로 상품을 주문하면 택배로 배송되는 것이 아니라 집에 있는 3D 프린터에서 주문한 물건이 출력되는 세상이 오지 않을까요?

3D 프린터로 나만의 마스코트 만들기

3D 프린터는 최근 초등학생을 위한 방과 후 교실에서도 사용할 만큼 교육 현장에 많이 보급되었습니다. 그만큼 사용하기 어렵지 않다는 뜻입니다. 3D 프린터를 이용해 나만의 마스코트를 만들고 싶다면 어떻게 해야 할까요? 단계별로 알아보겠습니다.

우선 출력할 마스코트 데이터가 있어야 합니다. 3D 프린터니까 당연히 3D 데이터가 필요합니다. 전문가라면 3D 모델링 소프트웨어를 이용해 독창적인 마스코트를 디자인할 수 있겠습니다만, 초보자라면 다양한 3D 데이터를 무료로 다운받을 수 있는 인터넷 사이트를 이용하면 편합니다. 3D 프린터용 파일을 공유하는 **틴기버스**(thingiverse.com) 같은 사이트가 있습니다.

사이트에서 마음에 드는 모양의 데이터를 다운로드하면 확장자가 '*.stl'인 파일을 얻을 수 있습니다. STL이란 'Standard Triangle Language'의 약어이며 3차원 데이터를 표현하는 국제 표준 중 하나로, 대부분의 3D 프린터에서 입력 파일로 많이 사용되는 형식입니다.

STL 파일만 가지고는 출력할 수가 없기 때문에 STL 파일을 3D 프린터에서 층별로 출력하기 위한 변환 포맷인 **지코드**G-Code 파일로 변환해야 합니다. 지코드는 RS-247이라고도 부르는 가장 널리 사용되는 **컴퓨터 수치 제어**Computer Numerical Control, CNC 프로그래밍 언어입니다. 3D 형상 데이터인 STL 파일을 3D 프린터가 층별로 프린트하도록 분석(슬라이싱이라고 합니다)한 뒤 이를 3D 프린터를 제어할 수 있는 지코드 프로그램으로 변환해주는 것입니다. 이 단계에서 대표적으로 사용할 수 있는 슬라이스 프로그램이 얼티메이커Ultimaker에서 개발하고 오픈소스로 제공하는 **큐라**Cura입니다.

큐라에서는 데이터를 지코드로 변환하는 기능 이외에 STL 파일의 모양을 살펴보고, 3D 프린터로 출력했을 때의 결과물을 미리 확인해볼 수도 있으며, 3D 프린팅을 위한 다양한 설정값을 조정할 수 있습니다.

슬라이스 프로그램에서 지코드로 변환한 STL 파일의 데이터를 SD 메모리 카드에 복사한 뒤 3D 프린터의 메모리 슬롯에 꽂고

3D 프린팅을 위한 재료인 필라멘트(플라스틱 봉. 글루건의 봉과 유사한 모양)를 연결하고 프린터를 작동합니다.

이렇게 출력한 출력물은 예상과는 다르게 지저분한 찌꺼기 같은 것들이 많이 있습니다. 이 찌꺼기를 **서포트 구조**Support structure라고 합니다. 서포트 구조의 용도는 출력 시 원래 형태가 유지되도록 받침대 역할을 합니다. 3D 프린터에서 녹은 필라멘트 용액의 찌꺼기인 셈인데 이를 조심스럽게 말끔히 제거하면 STL 파일에서 보았던 나만의 마스코트를 얻을 수 있습니다.

RPA와 로봇
그리고 나

우리 역사에는 사람의 노동력과 가축의 힘에 의존하던 노동 시대에서, 18세기 산업혁명 이후 증기기관과 전기가 발명되어 기계의 힘으로 제조 설비를 가동하는 대량 생산 시대로의 변화가 있었습니다. 그리고 이후 제조업 생산라인에 로봇을 사용하는 자동화 설비로 발전했습니다.

오늘날 누구도 이런 자동화와 로봇의 유용성을 의심하지 않습니다. 공장 자동화에서 시작한 자동화 설비는 산업용 로봇으로 발전했으며 생산 혁신을 가져왔습니다. 자동차 산업부터 전자 산업, 각종 소비재 산업에 이르기까지 생산 설비 자동화를 도입하지 않은 경우는 거의 없으며 이제는 생산 시스템이 첨단 인공지능 로봇 시스템으로 발전하고 있습니다. 제조 산업에서 자동화와 로봇은 필수 기술이 되었지요.

IT 업계에 BPA라는 용어가 있습니다. '**비즈니스 프로세스 오토메이션**Business Process Automation'의 약어인데 우리말로 바꾸면 사무절차 자동화로 번역할 수 있습니다. 연세가 있는 분들은 비슷한 개념으로 '**사무 자동화**Office Automation, OA'라는 용어를 들어본 적이 있을 것입니다. 컴퓨터를 기업 사무에 도입한 1980년대부터 사용되던 용어입니다.

최근에는 RPA가 소프트웨어 및 IT 분야에서 미래의 기업에 꼭 필요한 것으로 이야기되고 있습니다. RPA는 '**로보틱 프로세스 오토메이션**Robotic Process Automation, RPA'의 약어입니다. 로봇이란 말은 앞서 이야기한 것처럼 공장에서 자동차를 생산하는 로봇과 같은 것일까요? 미래의 사무실에는 사람이 앉아서 일하는 대신 로봇이 책상 앞에 앉아서 일하게 될까요? RPA는 그런 미래를 위해 필요한 기술일까요? 많은 IT 전문가가 사무직과 전문직의 미래를 바꿀 것으로 예상하는 RPA 기술에 관해 알아보겠습니다.

RPA란 무엇인가요

IT 전문가들이 이야기하는 RPA는 '컴퓨터에서 반복적으로 이루어지는 단순 조작을 소프트웨어 로봇이 자동으로 수행하는 것'이라고 정의할 수 있습니다. 여기서 소프트웨어 로봇이 무엇일까요? 그리고 원래 컴퓨터라는 것은 업무를 자동으로 처리해주는 장치가 아닌가요? RPA의 정의를 하나씩 알아봅시다.

여러분이 전국 여러 곳에 창고가 있는 유통회사에 다니고 있다고 가정하겠습니다. 매일 출근해서 전날 재고관리 부서에서 보낸, 여러 곳에 있는 창고의 제품별 재고 현황이 담긴 메일을 읽습니다. 그리고 메일에 첨부된 엑셀 파일을 이용해 회사 전체의 재고를 관리하는 종합 엑셀 파일로 취합하고 집계한 뒤 이 파일을 사장님에게 전송하는 일을 매일 수행하고 있습니다.

수십 개 지역의 창고에서 보낸 메일과 첨부한 엑셀 파일을 일일이 열고 내용에 있는 재고 수량을 종합 파일에 더하는 동일한 일을 반복합니다. 이러한 단순 반복 작업을 줄이려면 별도의 프로그램을 개발하면 됩니다. 지역 창고의 재고 수량 데이터를 매일 밤에 본사 컴퓨터의 프로그램으로 전송해 본사의 프로그램이 자동으로 집계하도록 하면 됩니다. 그런데 그런 프로그램이 없다면 매번 PC 앞에서 엑셀을 가지고 수작업으로 작업을 반복해야 합니다.

RPA는 이런 일을 별도의 프로그램을 개발하지 않아도 할 수 있도록 도와줍니다. 우리가 PC 앞에 앉아서 마우스와 키보드로 엑셀 파일에 작업하는 과정을 그대로 기억시켜 저장해놓았다가 나중에 RPA만 실행하면 마치 우리가 직접 마우스와 키보드를 조작하듯이 RPA가 PC를 스스로 조작해 일을 처리해줍니다. 자동차 공장에서 용접하는 로봇이 매번 같은 위치에 용접을 자동으로 빠르게 반복하는 모습과 유사합니다. 그래서 RPA에 로봇이라는 말이 수식되는 것입니다. 다만 RPA는 눈에 보이는 로봇이 아니라 컴퓨터상에서 사용자의 컴퓨터 조작을 기억했다가 자동으로 빠르게 반복하는 소프트웨어입니다.

RPA가 필요한 이유

그런데 앞서 이야기한 것처럼 여러 창고의 재고를 하나의 파일로 집계하는 일은 프로그램을 개발해도 될 텐데 왜 RPA를 사용할까요? 그것은 일의 변화 속도와 비용의 투자 그리고 기술 개발의 난이도 등에 따라 프로그램 개발이 비효율적인 경우가 생기기 때문입니다.

방금 사례에서는 각 창고의 재고를 회사의 컴퓨터로 보내려면 창고에도 이를 위한 프로그램을 개발해야 합니다. 그리고 회사의 프로그램은 네트워크를 통해 자료를 받고, 정리하고, 집계하는 기능이 있어야 합니다. 일단 이런 경우 프로그램 개발 비용이 많이 듭니다. 그런데 만약 창고의 위치가 자주 바뀌고 소프트웨어 개발 인력도 없는 회사라면 어떨까요? RPA는 PC에서의 마우스와 키보드 조작을 기억하고 반복 실행하는 소프트웨어이기에 상황이 바뀌면 사용자가 RPA에 기억된 내용을 바꾸어 주기만 하면 됩니다.

그리고 한 회사의 창고가 아니라 각 지방에 있는 각기 다른 회사의 창고에서 정보를 받는 경우라면 프로그램을 개발하기는 과정이 힘들 수 있습니다. 심지어 본사가 프로그램을 개발할 환경이 안 된다면 더 문제겠지요. 이런 경우에도 RPA를 사용하면 사람이 PC 앞에서 하는 일을 기억시켰다가 반복시킴으로써 자동으로 처리할 수 있습니다.

RPA의 한계

그런데 아직까지는 RPA가 사람이 컴퓨터로 하는 모든 컴퓨터 작업을 기억하고 자동으로 반복해줄 수 있는 능력을 가지고 있지 않습니다. 사람이 하는 모든 일을 로봇이 대체하지 못한다는 것입니다.

예를 들어 메일에 첨부한 엑셀 파일의 내용을 가져와 집계하는 엑셀 파일에 넣는 것은 가능하나, 엑셀 파일의 양식이 바뀌거나 보내온 엑셀 파일의 내용이 잘못된 경우 이를 인식하고 수정할 수는 없습니다. 그저 마우스와 키보드의 조작 내용을 기억한 대로 반복할 뿐이기 때문입니다. 또한 일을 하는 중간에 무언가를 판단해야 할 때도 적용이 불가능합니다. 스스로 판단할 수 있는 능력이 없기 때문입니다. 그래서 한편으로 기업에서 활용가능한 범위에 한계가 있습니다.

그림 4-16 로보틱스와 인지

출처: research.aimultiple.com

단순한 컴퓨터 반복 조작을 자동화하기 위한 소프트웨어 로봇 만으로는 컴퓨터 시스템을 개선하는 것 이상의 효과를 내기 어려 울 수 있습니다. RPA의 미래 성장성에 관해 긍정적인 전망이 많 지만 현실에는 넘어야 할 벽이 있습니다. 그래서 최근 IT 업체들 은 RPA에 인공지능 개념을 연결하기 시작했습니다. 즉 단순 반 복적인 컴퓨터 조작 업무의 자동화가 아닌 인공지능을 도입한 소 프트웨어 로봇에 관해 이야기하기 시작한 것입니다. 이를 IT 업 체에서는 지능적 자동화Intelligent automation 또는 인지 자동화Cognitive automation라고 이야기합니다.

인지 자동화란 무엇인가요

공장 생산라인에 작업자가 아닌 로봇이 줄지어 늘어서서 자동차를 생산하는 모습을 본 사람이라면 로봇이 가져올 미래에 관해 긍정적인 혹은 부정적인 생각을 떠올리게 됩니다. 그래서 RPA라는 용어를 접한 사람들은 마치 자동차 공장의 로봇이 생산라인의 사람을 대체하듯이 지적 사무 업무에서 사람을 몰아낼 것이라는 걱정을 하기도 합니다. 물론 기업의 사장님이라면 즐거운 상상일 수 있겠지요.

물론 현재 RPA의 모습은 앞서 이야기한 것과 아직 거리가 꽤 있습니다. 하지만 최근 RPA는 한 단계 발전한 모습을 보이고 있습니다. RPA가 스스로 사용자가 평소 PC에서 수행하는 업무를 감시하다가 RPA에 적용 가능한 프로세스를 자동으로 찾아내는 기능을 제공하기 시작했습니다. '**프로세스 디스커버리**Process Discovery' 라는 기능입니다. 기업의 업무용 PC에 RPA를 설치하고 업무를 수행하면 PC에 설치된 에이전트가 자동으로 모든 업무 내역을 기록하고 이를 하나의 프로세스로 만들어 사용자에게 제공합니다. 이를 통해 사용자는 자신의 업무 중에서 RPA를 적용해 생산성과 효율성을 개선할 수 있는 영역을 찾는 데 도움을 얻습니다.

이 단계에서 한발 더 나아간다면 인공지능을 적용해 타 기업의 유사한 프로세스를 분석하거나 RPA 적용 사례를 기반해 자동으로 RPA 적용 프로세스를 발굴하고 제안하거나 구현까지 가능할 수도 있습니다. 직원도 인지하지 못하는 사이에 업무상의 비효율을 발견하고 자동화할 수 있다면 RPA가 추구하는 궁극적인 목표에 한발 더 다가가게 되는 것입니다. 이러한 인공지능을 적용한 업무 자동화를 인지 자동화라고 합니다. 인지 자동화는 다음의 영역들로 구성되어 있습니다.

우리가 지적 판단 및 사고를 하는 기본은 보고, 듣고, 생각하고, 말하고, 행동하는 것의 조합입니다. 인지 자동화의 대상 역시 컴퓨터로 보고, 듣고, 생각하고, 말하고, 행동하는 것입니다. 보는 것은 컴퓨터 비전 기술입니다. 카메라를 통해 영상을 분석하고 해석하지요. 듣고 말하는 것은 자연어 처리 기술입니다. 인공지능 스피커를 생각하면 됩니다. 그리고 보고 들은 것을 해석하는 핵심 기술은 인공지능입니다. 그중에서 **딥 러닝**이 핵심입니다. 그리고 이를 바탕으로 행동하는 것이 발전된 RPA 영역에 해당합니다.

인지 자동화가 발전하면 마치 사람이 일하는 것처럼 컴퓨터가 스스로 보고, 이야기를 나누며, 판단하고, 업무를 수행할 수 있게 됩니다. 예를 들면 우리가 병원에 가면 의사를 만나 진찰받고, 나의 상태에 관해 대화를 나누고, CT를 찍고, CT 촬영 결과를 의사가 해석해서 진단을 내리고, 처방을 받습니다. 이 모두 인지 자동화 영역에 해당하는 일입니다.

신문사 기자는 어떨까요? 전날의 주식 시장 현황 정보를 분석하고, 주요 이슈에 관해 정리해서 오늘의 기사를 작성합니다. 기업 경영자는 어떤 일을 합니까? 정보 시스템을 통해 제품의 매출

현황과 판매 추이, 제품 재고 정보 및 가격 변동 상황 등을 고려해 사업 수행을 위한 의사결정을 내리고, 이를 시스템에 반영해 생산 지시 또는 구매 오더를 생성합니다.

이런 일련의 과정을 인공지능을 기반으로 하는 인지 자동화 시스템이 처리한다면 세상이 어떻게 바뀔까요? 2017년 실리콘밸리에 설립된 **아에라테크놀로지**(aeratechnology.com)는 '**자율 운영 기업**Self-Driving Enterprise'을 추구하는 서비스를 제공하겠다고 주장하는 기업입니다. 마치 자율주행 자동차가 스스로 운전하듯이 인공지능 컴퓨터 기반의 시스템이 기업을 운영할 수 있도록 해주겠다는 것이지요.

직업의 미래는 어떻게 될까요

미국 노동부의 2019년 직종별 인원 통계 자료에 따르면 현재 자동화의 주요 영역인 제조업과 농업에 근무하는 노동자의 비율은 17%라고 합니다. 나머지 83%의 노동자들이 서비스 업종에 근무하고 있으며 이 영역은 인지 자동화의 발전에 영향을 받는 직종이 될 수 있습니다.

인공지능 및 IT 기술의 발달에 따라 생산성 증가와 비용 절감이 가능한 방안이 있다면 궁극적으로 기업은 인지 자동화를 도입할 것입니다. 지금까지 인류 사회가 기술 발전에 따른 산업혁명의 파도를 여러 차례 넘어오면서 지속적인 발전을 이루어 왔듯 다가올 미래에도 그럴 것이라는 주장과, 이번은 이전과 다를 것이라는 주장이 미래 전문가들 사이에서 나뉩니다. 하지만 지금 사회나 국가는 이에 관해 진지한 고민을 하지 않는 듯합니다. 과연 인지 자동화는 사무실을 완전 무인화된 자동차 공장과 같은 모습으로 바꿀까요? 아니면 보다 인간적이고 창조적인 일을 하는 행복한 임직원들이 근무하는 장소로 바꾸게 될까요? 여러분의 예측은 무엇인가요?

포드자동차 창업자의 손자 헨리 포드 2세^{Henry Ford II}(1917~1987)가 미국자동차노조 위원장 월터 루터^{Walter Reuther}(1907~1970)와 나누었다고 전해지는 이야기를 소개해드립니다.

||||||||||||

어느 날 헨리 포드 2세는 월터 루터와 함께 자동화된 공장을 둘러보며 놀리듯이 이렇게 말했다.
"위원장님, 앞으로 어떻게 저 로봇들에게서 노조회비를 걷으실 겁니까?"
그러자 월터 루터는 이렇게 맞받아쳤다.
"사장님, 앞으로 어떻게 저 로봇들에게 차를 파실 생각인가요?"

||||||||||||

아마존의 노동 플랫폼 아마존 메커니컬 터크

1770년에 오스트리아 여왕 마리아 테레지아를 위해 볼프강 폰 켐 펠렌이 만들었던 생각하는 체스 기계인 '**메커니컬 터크**Mechanical Turk' 는 실제로는 기계 안에 사람이 들어가서 조작을 하는 방식이었습 니다.

한때 국내 인터넷 검색 서비스를 제공하는 회사는 대중에게 자 사의 검색엔진 시스템의 뛰어난 성능을 홍보했습니다. 그러나 사실 은 마치 메커니컬 터크와 같이 보이지 않는 곳에서 많은 사람이 수 작업으로 색인 데이터를 정리하고 사이트를 분류하는 과정을 거쳐 야 제대로 된 검색 서비스 제공이 가능했습니다. 세계 최고의 물류 시스템을 구축한 것으로 알려진 아마존은 자사의 초대형 풀필먼트 센터Fulfillment center가 자동화된 로봇인 키바KIVA에 의해 운영된다고 홍보합니다. 하지만 아마존의 물류 센터에는 수많은 작업자가 물류 배송의 최종 작업을 로봇의 효율에 맞추어 바쁘게 수행하고 있습 니다.

세상이 디지털화되고 인터넷을 통한 온라인 서비스가 보편화되 면서 많은 기업이 인공지능에 의한 자동화를 추구합니다. 그리고 인공지능 기술은 딥 러닝 알고리즘과 하드웨어 기술의 발전으로 점 차 고도화되고 있습니다. 발전하는 인공지능이 가져올 미래를 논할 때 항상 노동의 미래에 대한 이슈가 주요 쟁점으로 부각되곤 합니다. 그리고 이 논쟁에는 긍정적인 전망과 부정적인 전망이 늘 공존합니다.

긍정적인 전망은 단순 반복적인 일은 인공지능이 처리하고 인간은 좀 더 창의적인 일에 전념하게 될 것이라는 내용이며, 부정적인 전망은 대부분의 일자리가 로봇과 인공지능에 의해 대체되어 미래에는 일자리 부족이 발생할 것이라는 내용입니다. 그런데 다른 전망을 해볼 수 있습니다. 인공지능이 일상화된 미래에 인간의 일자리는 여전히 많이 존재하나, 대부분의 일이 인공지능의 부족한 부분을 채워주는 숨은 일자리가 될 것이라는 전망입니다.

지난 20세기 동안 3D 업종으로 분류된 제조업 분야로 특화된 개발도상국이 값싸고 질 좋은 제품을 선진국에 공급함으로써 임금 상승을 억제하고 안정적인 물가를 유지할 수 있었습니다. 인공지능이 보편화된 미래에 자동화 시스템으로 편리한 서비스를 제공받기 위해서는 수많은 저임금 지식 노동자의 작업이 필요할 것입니다. 아이러니하게도 아마존의 웹 서비스Amazon Web Service, AWS 중 아마존 메커니컬 터크Amazon Mechanical Turk라고 부르는 서비스가 있습니다. 이 서비스는 인터넷을 통해 사람들의 지적 능력을 활용하는 대표적인 사례입니다. 인공지능 기술이 발달했지만 아직 사람만이 완벽히 할 수 있는 일은 사람에게 의뢰하자는 것이 메커니컬 터크의 기본 개념입니다.

즉 이 서비스는 인공지능이 수행할 수 없는 학습이나 데이터 분류, 편집, 분석 등을 제시된 금액에 대신 수행할 인력을 연결해주는 서비스입니다. 유튜브나 페이스북 등 인터넷에 게시되는 엄청난 양의 콘텐츠 중 부적절한 콘텐츠를 걸러주는 기능에도 사용되는 서비스라고 합니다.

그런데 이 서비스가 이슈인 이유는 대부분 개발도상국의 저렴한 노동력을 이용하는 수단으로 사용되기 때문입니다. 제시된 단가는 경쟁에 의해 결정되므로 더 싼 노동력을 제공할 수 있는 지원자가 나타나면 대체될 수 있습니다. 또한 전 세계를 대상으로 지원자를 모집하므로 특정 지역의 인건비 수준을 보장할 수 없습니다. 최근 '플랫폼 노동' '유령 노동' 등의 개념으로 언론에서 이슈를 제기하는 것처럼 인공지능과 플랫폼 산업의 발전에 따른 미래 사회에 관해 긍정적인 전망만을 믿고 기대하기에 불편한 요소들이 있습니다.

반면 기술의 발전에 따른 노동과 사회의 변화를 무조건 부정적으로 볼 수도 없습니다. 산업혁명 초기 아동 노동이 심각한 문제가 되었으나 점차 노동 환경과 삶의 질이 개선되었습니다. 우리나라도 최근 인공지능 서비스와 플랫폼 기업의 약진이 두드러지고 있는 상황에서 우리도 고민해야 할 숙제가 아닐까요?

미래의 교통수단,
드론

공원이나 야외에서 작은 프로펠러 4개가 달린 장난감 비행기를 날리는 모습을 본 적 있나요? 우리가 **드론**Drone이라고 부르는, 무선으로 조정할 수 있는 작은 비행체입니다. 정식 명칭은 **무인 비행체**Unmanned Aerial Vehicle, UAV입니다. UAV의 역사는 꽤 오래되었습니다. UAV는 사람이 타지 않고 하늘을 날 수 있는 모든 물체를 일컬으며 제2차 세계대전 때부터 개발되었습니다.

그런데 왜 최근에 갑자기 인기를 얻게 되었을까요? 최근에 인기 있는 드론은 4개의 프로펠러를 이용해 비행하는 **쿼드콥터**Quadcopter(쿼드는 4개라는 뜻)입니다. 헬리콥터는 큰 회전 날개 하나와 꼬리에 작은 회전 날개를 이용해 비행하는데, 쿼드콥터는 크기가 같은 회전 날개 4개를 이용해 자유자재로 비행합니다. 최근에는 드론이라고 하면 대부분 쿼드콥터를 의미합니다.

드론의 비행 원리

드론은 하늘을 자유롭게 날아다닙니다. 곡예비행도 가능합니다. 장애물을 통과하고 다른 드론과 레이스도 할 수 있습니다. 이런 드론 비행의 다양한 움직임은 아래 네 가지 움직임의 조합으로 이루어졌습니다.

스로틀Throttle은 드론이 위아래로 움직이는 동작입니다. 땅에서 하늘로 떠오를 때나 다시 땅으로 내려올 때의 동작입니다. **피치**Pitch는 드론이 하늘에 떠 있는 높이는 변하지 않은 상태로 앞이나

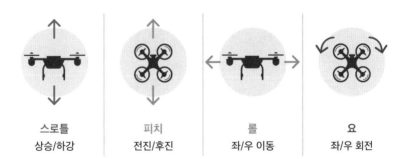

그림 4-17 드론의 네 가지 비행 동작

스로틀	피치	롤	요
상승/하강	전진/후진	좌/우 이동	좌/우 회전

출처: edu.byrobot.co.kr

뒤로 날아가는 동작입니다. 이때 드론이 앞뒤가 아닌 좌측 또는 우측으로 움직이는 동작을 **롤**Roll이라고 합니다. 그리고 마지막 **요** Yaw는 드론이 하늘에 떠 있는 높이도 변하지 않고 전후, 좌우로도 움직이지 않으면서 시계 방향 또는 반시계 방향으로 회전하는 동작입니다. 이 모든 동작은 헬리콥터도 가능한 동작입니다. 이렇게 네 가지 동작을 혼합해 드론이 하늘을 자유자재로 날아다닐 수 있습니다.

이때 드론이 네 가지 동작이 가능한 이유는 바로 사방에 달린 4개의 회전 날개 때문입니다. 4개의 회전 날개가 모두 같은 방향으로 회전하지 않습니다. 그림 4-18과 같이 서로 마주보는 1번과 3번, 2번과 4번 회전 날개의 회전 방향은 같지만 마주보고 있지 않은 회전 날개와는 반대 방향으로 회전합니다.

영화에서 가끔 헬리콥터 꼬리에 있는 작은 회전 날개가 고장 나면 헬리콥터가 하늘을 빙빙 돌면서 조정이 불가능한 상황에 빠지는 장면을 본 적이 있을 것입니다. 헬리콥터의 커다란 회전 날개는 작용·반작용의 운동 법칙에 따라 헬리콥터의 몸체를 날개의 회전 방향과 반대 방향으로 회전하게 만듭니다. 그걸 막는 것이 헬리콥터 꼬리에 있는 작은 회전 날개입니다.

드론은 2개씩 짝을 이루어 날개가 반대 방향으로 회전하기 때문에 하늘에 떠 있을 때 안정을 유지할 수 있습니다. 만약 드론의 4개 날개가 모두 같은 방향으로 회전한다면 드론은 하늘에 뜨자마자 빙빙 돌아서 조정이 불가능할 것입니다. 혹시 드론을 가지고

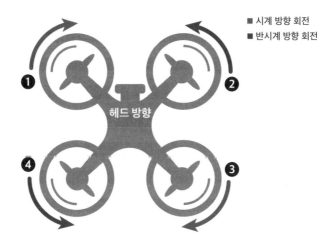

그림 4-18 드론의 4개 회전 날개의 회전 방향

■ 시계 방향 회전
■ 반시계 방향 회전

헤드 방향

출처: fierceelectronics.com

있으면 회전 날개의 모습을 유심히 보세요. 회전 방향이 다른 쪽의 회전 날개와 다릅니다.

그렇다면 이제 드론이 앞서 이야기한 네 가지 비행 동작을 어떻게 하는지 알아보겠습니다. 우선 **스로틀**은 하늘에서 위로 올라가거나 아래로 내려가는 동작으로, 4개의 회전 날개를 동시에 같은 비율로 회전 속도를 올리거나 내리면 됩니다. 회전 속도가 빨라지면 하늘로 상승하고 회전 속도가 느려지면 땅으로 하강합니다.

피치는 앞뒤로 이동하는 비행 동작입니다. 전진은 헤드 방향(드론의 앞쪽)의 뒤에 위치한 2개의 날개, 그러니까 그림 4-18에서 3번과 4번의 회전 날개의 속도를 같은 비율로 올리면 앞으로 갑니다. 반대로 뒤로 가고 싶으면 1번과 2번 날개의 회전 속도를 높이면 됩니다.

롤 동작은 피치와 같은 원리이나 좌측 또는 우측에 있는 2쌍의 날개의 속도를 조정해 이루어집니다. 즉 그림 4-18에서 2번과 3번의 속도를 올리면 드론이 왼쪽으로 이동하고, 1번과 4번의 속도를 올리면 우측으로 이동합니다.

마지막 동작인 **요**는 어떻게 이루어질까요? 앞서 이야기한 작용·반작용 운동 법칙을 이용해 이루어집니다. 즉 시계 방향으로 회전하고 싶으면 반시계 방향으로 회전하는(그림 4-18에서는 2번과 4번) 회전 날개의 속도를 올리면 됩니다. 반시계 방향으로 회전하고 싶을 때는 시계 방향으로 회전하는 2개의 회전 날개(1번과 3번) 속도를 올리면 됩니다.

드론의 자세 제어 시스템

드론의 비행 원리는 쉽지만 사실 매우 정밀한 제어 시스템이 드론에 설치되어야 비행할 수 있습니다. 우선 하늘에 가만히 떠 있으려면 4개의 회전 날개를 동일한 속도로 회전시킬 수 있어야 하기에 4개 모터의 회전 속도를 정밀하게 제어하는 시스템이 필요합니다. 드론이 하늘에 가만히 떠 있을 때 조정기로 조정하지 않는 이유는 드론 몸체의 움직임을 실시간으로 감지하는 센서와 모터의 회전을 제어하는 회로가 서로 연결되어 실시간으로 드론을 제어하기 때문입니다.

드론에 탑재된 센서들로는 몸체의 좌우 기울기를 측정하는 **기울기 센서**Tile Sensor, 움직임의 변화 속도를 측정하는 **가속도 센서**Accelerometers, 움직임을 감지하는 **관성 센서**Inertial Sensor, 모터의 회전 속도 센서, 전력 센서, 나침반에 해당하는 **자기 센서**Magnetic Sensor 등 다양한 센서가 있습니다. 이들은 드론이 안정적으로 하늘을 날 수 있게 해줍니다. 그리고 첨단 기능이 탑재된 드론에는 **GPS 센서**가 있어 자신의 위치를 스스로 파악할 수 있고 미리 정해진 비행경로에 따라 자동으로 비행할 수 있는 기능도 있습니다. 또한 드론에 설치된 카메라로 촬영한 영상을 지상에서 실시간으로 전송받을 수 있도록 해주는 무선 데이터 송수신 장치를 가진 드론도 많이 있습니다.

왜 드론이 관심을 끌고 있을까

드론의 역사가 오래되었는데 최근에 부쩍 관심이 높아진 이유는 무엇일까요? 그리고 왜 4개의 회전 날개를 가진 쿼드콥터가 화제의 중심이 되었을까요? 우선 가장 큰 이유는 기술의 발전입니다. 앞서 이야기한 센서들은 예전에 매우 고가의 장치였습니다. 그런데 공교롭게도 이러한 센서들이 스마트폰에 탑재되면서 자연스레 대중화되었습니다. 이로 인해 센서의 기술은 점점 발전했지만 가격은 크게 하락했습니다. 아울러 배터리 기술이 발전해 가벼우면서 용량이 뛰어난 배터리들이 등장한 것도 대중이 드론에 관심을 가지는 하나의 이유입니다.

그리고 편리하게 하늘을 비행하려면 좁은 장소에서도 이착륙이 가능하도록 구조가 단순해야 합니다. 그런데 일반적인 비행기는 활주로가 있어야 합니다. 헬리콥터의 경우 하나의 커다란 회전 날개와 뒤쪽의 기다란 꼬리가 필요하며, 자유로이 하늘을 날기 위해 커다란 회전 날개의 중심축이 움직일 수 있어야 합니다. 반면 쿼드콥터는 단순히 4개 모터의 회전 속도를 변경하는 것만으로도 모든 비행 동작이 가능한 아주 획기적인 구조로 이루어져 있습니다.

이런 단순한 기계 구조와 스마트폰 기술의 발전이 가져온 다양한 센서와 제어 회로, 가볍고 용량이 증가한 배터리와 무선 통신 기술 등이 결합되어 매우 저렴한 가격에 드론을 제조할 수 있게 되었습니다. 예전의 항공 촬영은 비행기나 헬리콥터를 빌려야 했기에 비용이 많이 들었을 뿐만 아니라 비행 허가도 받아야 하는 등 쉽지 않았습니다. 그런데 카메라가 부착된 드론을 날리는 것으로 쉽게 항공 촬영이 가능해지자 다양한 목적으로 인기를 얻게 된 것입니다.

드론의 활용 범위와 미래

수년 전에 세계 최대의 인터넷 쇼핑몰인 미국의 아마존이 드론을 이용한 택배 시스템을 도입하겠다고 해서 화제가 된 적이 있습니다. 그리고 2020년 미국 연방항공청으로부터 배송용 드론 **아마존 프라임 에어**Amazon Prime Air 운항을 허가받았습니다. 아마존은 배송용 드론 운항 허가를 신청하면서 인구 밀도가 낮은 곳에서만 드론을 운행하고 무게가 약 2.3kg 이하인 소포만 드론을 이용해 배송하기로 했습니다. 만약 아마존이 드론 배송을 완벽히 운영한다면 세계 각국의 인터넷 쇼핑몰 업체에도 도입될 것입니다.

물류 분야 이외에도 떠오르는 분야가 여객 운송 분야입니다. 즉 드론 택시입니다. 꽉 막힌 길에서 차 안에서 오도 가도 못하는 상황에서는 누구나 '하늘로 날아서 갈 수 있다면 얼마나 좋을까?'라는 생각을 해보았을 것입니다. 드론을 크게 만들면 사람도 탈 수 있을 것입니다. 실제로 우리나라에서 드론 택시 기술을 개발 중이라고 합니다. 이 외에 인명구조를 위한 항공 수색, 산불 감시, 응급 의약품 수송, 주요 장소 보안을 위한 감시, 소독약이나 농약의 살포 등 드론으로 가능한 일은 매우 많습니다. 드론 서비스 시장 규모가 2018년 44억 달러에서 2025년에는 636억 달러에 이를 전망이라고 합니다.

드론의 문제점

드론의 장점을 많이 이야기했는데 문제점은 없을까요? 물론 문제점도 있습니다. 우선 가장 큰 문제점은 기존 비행기의 운행에 위험을 초래할 수 있다는 점입니다. 2018년 12월 19일과 21일에 영국 런던 근교의 개트윅공항에서 드론의 불법 비행 때문에 수백 편의 항공기 운항이 취소된 적이 있습니다. 우리나라에서도 도심 상공이나 공항 근처 등 대부분의 도심에서 드론 비행은 허가를 받아야 가능합니다.

또 다른 문제로는 보안의 위협입니다. 2017년에 미국의 한 교도소에서 드론을 이용해 약물을 전달받은 사례가 있습니다. 다른 한편으로 드론을 이용한 공격도 가능합니다. 드론에 폭발물을 장착하고 원격에서 폭파시킬 경우 심각한 피해를 줄 수 있습니다. 비록 폭발물이 아니라도 드론 자체로 사람을 공격하는 경우도 위험합니다. 또한 악의적인 경우가 아니라고 해도 드론이 비행 중 고장으로 추락할 경우도 위협이 될 수 있습니다. 따라서 미래에 드론의 활용이 증가하려면 관련 법규는 물론 비행경로의 정의, 안전 장치의 강화, 관리 체계 등 여러 준비가 필요할 것입니다.

드론 동력원의 배터리 기술

드론은 전기 모터를 주 동력원으로 사용합니다. 일반적으로 4개의 전기 모터가 필요합니다. 때로는 6개, 8개 혹은 그 이상의 전기 모터를 사용하는 드론도 있습니다. 그리고 전기 모터를 작동하려면 드론에 내장된 배터리에서 전기를 공급받아야 합니다. 사실 배터리는 드론뿐만이 아니라 전기 자동차에서도 핵심 장치입니다. 그래서 글로벌 자동차 회사에서 전기 자동차를 개발하면서 동시에 배터리 기술을 개발하고 배터리를 제조하는 공장에 투자합니다. 미래에 가장 중요한 동력원이 될 전기를 저장하고 제공하는 배터리에 관해 한 걸음 더 들어가겠습니다.

배터리는 1회용과 충전이 가능한 배터리로 구분할 수 있습니다. 1회용 배터리는 건전지라고 불리며 대부분의 소형 가전에 사용되는 것은 동그란 알카라인Alkaline 배터리입니다. 예전에는 아연·망간 Zinc-Carbon 배터리를 사용했으나 오래 사용할 수 없어 알카라인으로 교체되었습니다. 이러한 1회용 배터리와 달리 충전이 가능한 전지를 **2차전지**Secondary cell라고 부릅니다. 2차전지는 **리튬 이온**Li-ion 또는 **리튬 이온 폴리머**Li-ion Polymer전지가 최신 기술이며 가장 널리 사용됩니다. 대부분의 스마트폰과 디지털 카메라 등 휴대용 디지털 기기에 사용되는 배터리들입니다. 예전에는 니켈 카드뮴Ni-Cd전지와 니켈 메탈수소Ni-MH가 사용되었으나 시장에서 사라졌습니다.

2차전지 중 소형 가전이 아닌 자동차와 같이 전력 소모가 많은 장치를 위한 2차전지로서 오래된 기술인 납축전지Lead-acid battery를 아직까지도 가장 많이 사용하고 있습니다. 자동차의 시동을 걸 때 사용하는 것이 바로 납축전지입니다. 저렴하고 내구성이 좋으며 안정성도 우수합니다. 반면 단점은 매우 무겁고 저장할 수 있는 전기의 양이 적다는 것입니다. 그러나 일반 내연기관 자동차에서 시동을 걸 때만 납축전지가 사용되기 때문에 큰 문제가 되지 않습니다.

그런데 드론이나 전기 자동차는 많은 전기가 필요하기 때문에 전기 저장 용량이 큰 최신 배터리 기술인 리튬 이온 배터리나 리튬 이온 폴리머 배터리를 대형으로 만들어서 사용합니다. 문제는 리튬은 반응성이 높은 화학물질이라 공기 중의 습기에 노출되면 발화할 수 있습니다. 가끔 스마트폰 배터리가 화재를 일으켰다는 뉴스가 나오면 이런 이유 때문입니다. 그런데 전기 자동차는 대용량 배터리를 사용하면서도 사람이 타기 때문에 더욱 안전성이 중요합니다.

기존의 리튬 이온 배터리가 위험한 이유는 액체 전해질을 사용하다 보니 온도 변화로 인한 배터리의 팽창이나 외부 충격에 의한 누액 등 배터리 손상 시의 위험성이 존재하기 때문입니다. 따라서 전해질을 액채가 아닌 고체로 만들려는 연구가 진행되고 있습니다. 이를 전고체 배터리라고 하며 전기 자동차 및 드론의 미래 배터리 기술로 불리고 있습니다. 전고체 배터리는 구조적으로 단단해 안정적이며, 전해질이 훼손되더라도 형태를 유지할 수 있기 때문에 더욱 안전성을 높일 수 있습니다.

　또한 충전 시간을 단축하기 위한 다양한 기술도 함께 연구되고 있습니다. 이스라엘 기업인 **스토어닷**(store-dot.com)에서는 5분 만에 완전 충전이 가능한 배터리 기술 개발을 목표로 하고 있습니다. 이런 배터리 기술이 개발되면 전기 자동차는 물론이고 드론 택시도 현실화에 한발 더 다가서게 될 것입니다.

그림 4-19 배터리 기술별 비교

구분	리튬 이온	니켈 수소	니켈 카드뮴	리튬 폴리머
용량	큼	큼	작음	큼
자연방전	거의 없음	보통	많음	거의 없음
메모리 효과	없음	보통 (약간 있음)	많음	거의 없음
특징	폭발사고 위험, 가벼운 무게, 시장의 대부분을 차지	저렴한 가격, 저온특성이 우수함, 친환경	수명이 길고 내구성이 좋음	안전성이 높음, 다양한 모양으로 제작 가능
용도	디지털 카메라, 휴대폰, 노트북	AA건전지, 하이브리드 자동차의 배터리, RC카	전동 면도기, 코드 없는 진공 청소기, 가정용 무선 전화기, 전동드릴, RC카 등	드론의 전원, 휴대폰·노트북 등의 배터리, RC카

*자연방전: 사용하지 않아도 시간이 지나면 방전되는 현상
*메모리 효과: 완전 방전되지 않은 상태에서 충전을 반복하면 최대 충전 용량이 줄어드는 현상

PART 5

이제는 없으면
못 사는 스마트기기

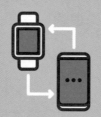

스마트워치는
시계일까

몇 년 전부터 사람들의 손목 위에 똑똑한 시계가 자리 잡기 시작했습니다. 여러분은 애플워치를 사용하나요? 아니면 갤럭시워치나 샤오미 미밴드를 사용하나요? 휴대폰이 대중화된 1990년대 이후 휴대폰에서 제공하는 정확한 시계 기능 때문에 손목시계를 사용하는 사람들이 점점 줄어갔습니다.

그러나 최근 다시 손목시계를 사용하는 사람이 늘어나기 시작했습니다. 바로 **스마트워치**Smartwatch 때문입니다. 유식한 말로 **웨어러블 디바이스**Wearable device라고도 합니다. 몸에 지니고 다닐 수 있는 IT 기기를 뜻합니다.

그럼 스마트워치는 시계일까요, IT 기기일까요? 일단 시간을 알려주니 시계입니다. 그런데 다른 여러 기능을 제공하기도 합니다. 그럼 이 똑똑한 손목시계에 대해 좀 더 알아볼까요?

스마트워치의 역사

위키백과에 있는 스마트워치의 정의를 보면 '시계 형태의 웨어러블 컴퓨터'라고 되어 있습니다. 정의에 따르면 스마트워치는 시계가 아니고 컴퓨터입니다. 그럼 스마트워치의 역사에 대해 알아보겠습니다.

대부분의 IT 기술 역사가 그렇듯 스마트워치 역시 최신 IT 제품이라고 생각하기 쉽지만 시간을 거슬러 올라가면 제법 오래된 역사를 가지고 있습니다. 최초로 전자 회로가 들어간 손목시계는 1972년에 해밀턴^{Hamilton} 시계 회사(지금도 전통적인 기계식 시계를 만들고 있는 회사입니다)에서 만든 '펄사^{Pulsa}'라는 디지털 시계입니다. 소위 전자시계라는 용어로 우리에게 친숙한 시계입니다. 전자시계가 스마트워치의 조상이라고요? 그러고 보니 전자시계도 시간을 알려주는 것 이외에 여러 기능이 있긴 합니다. 이후 **카시오**^{CASIO}가 전자계산기 기능이 있는 전자손목시계를 출시하기도 했습니다. 카시오 계산기 시계를 차고 다닌 분이 계실 겁니다. 하지만 컴퓨터와 데이터 통신을 할 수 있어야 스마트워치가 아닐까요? 이런 시계의 원조는 1984년 **세이코**^{SEIKO}에서 출시한 '**데이터**

그림 5-1 '데이터 2000'(좌)과 리눅스 스마트워치(우)

출처: 위키피디아

2000^{Data-2000}'입니다.

물론 이런 시계를 지금의 스마트워치와 비교할 수는 없습니다. 그래도 스마트워치 발전의 역사에서 분명한 의미를 가진 손목시계였다는 것은 분명합니다. 그리고 2000년에 '시계 형태의 웨어러블 컴퓨터'라는 위키백과의 스마트워치 정의에 충실한 제품이 등장합니다. 리눅스 운영체제가 탑재된 손목시계입니다. 이 리눅스 스마트워치를 개발한 **스티브 만**^{Steve Mann}(1962~)은 이 개발 덕분에 '웨어러블 컴퓨팅의 아버지'라고 인정받게 되었습니다. 진정한 웨어러블 컴퓨팅의 시작이라고 볼 수 있습니다.

이후 적당한 가격으로 구매할 수 있고 실생활에서 지금의 스마트워치와 유사하게 사용할 수 있도록 등장한 제품은 2003년에

그림 5-2 2003년 파슬의 아바쿠스 AU5008

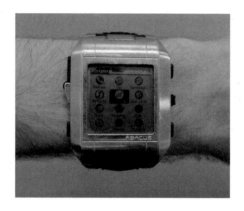

출처: 위키피디아

미국의 시계 회사 파슬^{Fossil}에서 250달러에 출시한 **아바쿠스**^{Abacus}
AU5008이라는 **PDA**^{Personal Digital Assistant} 손목시계입니다. 스마트
워치의 개념에 일치하는 제품입니다. 그리고 이후 다양한 업체에
서 유사한 시계가 출시됩니다. 2013년에는 킥스타터라는 크라우
드 펀딩 사이트에서 투자자를 모집한 기업인 **페블**^{Pebble}에서 **페블**
워치를 출시해 큰 인기를 끌었습니다. 그리고 페블의 성공 사례로
인해 크라우드 펀딩 붐이 일어났다고 해도 과언이 아닙니다.

하지만 이런 오랜 노력과 다양한 제품의 등장에도 불구하고 스
마트워치는 일부 IT 얼리 어댑터^{Early adopter}(남들보다 신제품을 빨리 구
매해서 사용해야 직성이 풀리는 소비자들을 일컫는다)의 전유물처럼 인
식되었습니다. 마치 스마트폰이 PDA부터 시작해 윈도우 모바일

운영체제를 탑재한 다양한 제품으로 출시되어도 일반 휴대폰을 밀어내지 못했던 2000년대와 같은 상황입니다.

애플워치의 등장

PC, 윈도우 방식의 그래픽 사용자 인터페이스Graphic User Interface, GUI, MP3 플레이어, 스마트폰 그리고 스마트워치까지 어느 것 하나 애플이 최초로 개발하거나 최초로 시장에 출시한 제품이 아닙니다. 하지만 애플이 해당 제품을 출시한 후 해당 제품 시장에 새로운 시대가 열렸음은 부정할 수 없습니다. 참고로 최초의 개인용 PC는 1974년에 출시된 알타이르Altair이고, GUI는 제록스Xerox 연구소에서 1973년부터 개발한 기술입니다. 최초의 스마트폰은 1994년에 IBM에서 출시한 '사이먼 개인 통신 장치Simon Personal Communicator, SPC'이며 최초의 MP3 플레이어는 1997년에 우리나라 새한정보 시스템의 MP 맨 F10입니다.

애플워치는 애플의 창업자 **스티브 잡스**Steve Jobs(1955~2011) 사후인 2015년 4월에 **팀 쿡**Tim Cook(1960~)이 경영을 주도하는 애플에서 출시되었습니다. 당시에는 이전까지의 스마트워치 시장 상황이 별로 좋지 않았기 때문에 전문가들은 성공에 대해 반신반의했습니다. 그런데 예상과 달리 시장의 반응은 뜨거웠습니다. 출시 후 첫 분기에만 420만 개가 판매되었고 2020년 12월까지 판매된 개수가 1억 개를 넘었습니다. 안드로이드 운영체제를 탑재한 스마트워치의 판매도 호조를 보였습니다. 현재 애플워치는 2015년의 1세대 제품부터 2021년 10월에 나온 시리즈7까지 있습니다.

스마트워치의 건강 모니터링 기능

1세대 애플워치는 당연히 시계 기능을 제공하고 추가적으로 애플워치 전용 앱을 설치할 수 있었습니다. 즉 사용자가 원하는 앱을 골라서 사용할 수 있었습니다. 여러 기능 중에 가장 인기를 얻은 기능은 심박수 체크 및 운동량 측정 등 헬스 관련 기능이었습니다. 웨어러블 디바이스의 기능 중 사람들의 수요를 자극한 핵심 응용 분야가 건강 및 운동 측정 기능입니다. 이는 현재 시장에서 판매되는 모든 스마트워치의 공통적인 사항입니다.

건강 모니터링 기능 중 핵심은 심박수 측정입니다. 그럼 심박수의 측정은 어떻게 할까요? 스마트워치의 뒷면을 보면 2개의 초록색 불빛이 들어오는 광원 LED와 불이 들어오지 않는 2개의 광센서가 있습니다. 불이 들어오는 광원 LED에서는 녹색 불빛과 적외선을 내보냅니다. 그러면 손목의 피부 아래에 있는 모세혈관 속 피의 흐름을 2개의 광센서에서 반사된 불빛으로 감지합니다. 이런 기술을 **광용적맥파**^{Photoplethysmogram, PPG}라고 하는데, 심장의 수축과 이완으로 변화하는 혈액 용적^{Blood volume}과 혈액 내 헤모글로

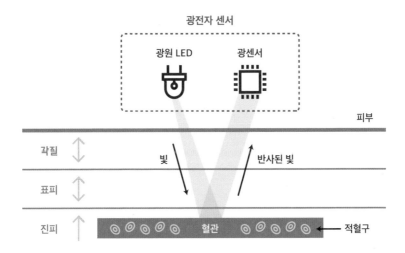

그림 5-3 스마트워치의 심박수 측정 원리

광전자 센서

광원 LED 광센서

피부

각질 빛 반사된 빛

표피

진피 혈관 적혈구

출처: mechead.com

빈^{Hemoglobin}(혈액 적혈구의 단백질입니다. 혈색소라고도 불리며, 혈액 내에서 산소를 운반하는 역할을 합니다)에 빛이 흡수되는 정도를 선형적 관계를 이용해 심박수 같은 정보를 감지하는 방법입니다.

현재까지는 PPG 방법을 통해 심박수와 혈액 속 산소포화도를 측정할 수 있습니다. 그런데 이 기술을 응용하면 혈압이나 혈당까지도 측정할 수 있다고 합니다. 만약 스마트워치를 통해 혈압과 혈당의 측정이 가능해지면 아마도 스마트워치를 착용하는 사람의 수가 더욱 늘어날 것입니다.

스마트워치를 구입하면 많이 이용하는 기능 중 하나가 운동량 측정입니다. 물론 스마트폰만 가지고도 기본적인 운동량은 측정이 되나 심박수 측정을 통한 정확한 칼로리 소모량 계산이나 정밀한 움직임을 측정하는 것은 스마트워치가 있어야 가능합니다. 스마트워치에는 이와 관련해 어떤 센서들이 있을까요?

우선 GPS 센서가 있습니다. GPS 센서는 GPS 위성을 이용해 현재 위치를 측정하는 센서입니다. 그리고 일부 스마트워치는 PPG 방식의 **산소포화도** 센서를 가지고 있습니다. 산소포화도 센서는 혈액 내 산소 포함 비율을 측정하는 센서로, 운동 중 건강에 무리가 가는 상황을 모니터링합니다.

그리고 스마트워치 착용자의 움직임을 감지하는 3축 가속도 센서가 내장되어 있어 손목의 움직임은 물론 사용자가 넘어지거나 떨어지는 상황 등을 감지해 노령자의 위험 상황을 실시간으로 인식할 수 있습니다. 또한 달리기나 걷기 등의 운동량을 측정하는 역할도 합니다. 삼성전자의 갤럭시워치2는 날씨 변화를 감지하는 기압 센서도 있습니다.

웨어러블 디바이스의 미래

스마트워치는 IT 기술의 관점에서 웨어러블 디바이스에 속합니다. 웨어러블 디바이스란, 사람의 몸이나 옷에 걸치거나 부착해 사용하는 스마트 전자기기를 말합니다. 이를 통해 다양한 데이터를 감지하고 착용자에게 제공할 수 있습니다. 웨어러블 디바이스 중 스마트워치가 제일 먼저 대중화된 이유는 사람이 몸에 지니고 다니는 물건 중 손목시계가 가장 오래되었고 또한 착용이 편리하기 때문입니다.

미래에는 다양한 웨어러블 디바이스가 나올 것입니다. 구글에서 2013년에 선보인 안경 형태의 구글 글라스가 있습니다. 비록 언은 관심에 비해 출시 후 상업적으로 성공하지 못했지만 미래의 웨어러블 디바이스 중 안경이 중요한 요소가 될 것임은 분명합니다. 2013년부터 미국의 오라^{OURA}에서 스마트반지를 시판하고 있습니다. 스마트반지는 안쪽에 혈관 PPG 센서와 움직임 센서가 있어 운동량 측정이나 심박수 및 수면 상태 모니터링 등의 기능을 제공합니다.

웨어러블 디바이스는 시계나 안경, 반지는 물론 옷, 벨트, 신발, 목걸이 등 사람이 몸에 입거나 걸치는 다양한 물건 속에 녹아들 것입니다. 1989년에 개봉한 영화 〈백 투 더 퓨처 2^{Back to the Future 2}〉에서 2015년 미래로 간 주인공 마티 맥플라이는 자동으로 몸에 맞추어지는 옷과 나이키 신발을 경험합니다. 그런데 실제로 나이키는 2015년에 운동 상황에 따라 자동으로 끈을 조절하는 운동화를 개발했습니다. 이름도 나이키 맥플라이였습니다. 그리고 '하이퍼 어댑트^{Hyper Adapt}'라는 제품명으로 2016년에 시장에 출시했습니다. 그리고 179달러에 판매되는 '나디 엑스^{Nadi X}' 스마트 요가 레깅스는 다양한 센서가 내장되어 있어 요가를 하는 사용자의 자

그림 5-4 구글 글라스(좌)와 오라 스마트반지(우)

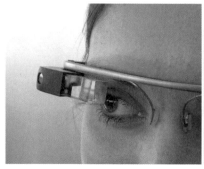

출처: 위키피디아

세를 측정해 운동 능력 분석을 도울 뿐만 아니라, 햅틱^{Haptic}(진동
등으로 사람에게 피드백을 주는 기술) 기능이 있어 올바른 요가 자세
를 안내할 수 있다고 합니다. 그림 5-4 같은 다양한 웨어러블 디
바이스를 일상생활에서 사용할 날이 머지않은 듯합니다.

컴퓨터와 뇌를 연결할 수 있을까요

다양한 웨어러블 기술과 센서 기술 중 미래 기술로 관심을 얻고 있
는 분야가 컴퓨터와 사람의 두뇌를 연결해 정보를 주고받게 만드

는 기술입니다. 뇌와 컴퓨터를 연결하는 기술을 **브레인 머신 인터페이스**Brain-machine interface라고 부르며 이와 관련된 연구 분야를 **뉴로테크**Neurotech라고 합니다. 아직 실용화 단계에 성공한 경우는 드물지만 많은 연구가 진행되고 있습니다. 이에 대해 알아보겠습니다.

뉴로테크 기술이 발전하면 어떤 응용 분야가 실현 가능할까요? 먼저 두뇌가 직접 컴퓨터에 명령을 내려 다양한 조작을 할 수 있는 것입니다 예를 들어 생각만으로 휠체어를 조작할 수 있다면 매우 유용하게 사용할 수 있지 않을까요? 실제로 이런 기술을 오래전부터 개발하고 있는 회사가 있습니다. **이모티브**Emotiv입니다. 뇌파를 감지하는 헤드셋과 관련 소프트웨어를 개발하고 있습니다.

코그닉션Cognixion은 증강 현실과 뉴로테크를 결합한 헤드셋 기술을 개발하고 있습니다. 두뇌의 뇌파Electroencephalogram, EEG를 읽을 수 있는 센서 기술과 문장 구성을 위한 단어 선택 영상을 보여주는 증강 현실 기술을 결합해, 말하기 어려운 사람들의 생각을 문장으로 구성해 헤드셋의 전면에 나타내는 기술입니다.

뉴로테크 기술의 활용 분야는 무궁무진합니다. 생각만으로 주변의 기기들을 제어할 수 있다면 많은 사람에게 편의를 제공할 수 있습니다. 그리고 뇌파를 읽어 인공 팔을 움직일 수 있게 할 수도 있고 가상 현실 기술과 연계된 게임을 양손을 사용하지 않고 할 수도 있습니다. 아직까지는 실용화되었다고 보기가 어렵지만 많은 업체에서 연구 개발을 하고 있으니 가까운 미래에 우리가 접할 수 있는 제품이 등장할 것입니다.

스마트폰과 와이파이
5G 그리고 블루투스

스마트폰을 안 가지고 있는 분은 없겠지요? 이제 스마트폰은 우리 몸의 분신이나 다름없습니다. 밖에 나왔는데 스마트폰을 집에 두고 온 상황을 겪어본 분이라면 이 말이 이해가 되실 것입니다. 스마트폰에 있는 다양한 앱이 우리 생활을 편리하게 해주지만 기본적으로 사용하는 기능은 전화 및 문자입니다. 스마트폰은 전화기니까요.

그러면서 스마트폰은 무선 통신 기기입니다. 스마트폰의 무선 통신과 관련해서 LTE니 5G니 하는 이야기를 들어보았을 것입니다. 그리고 집이나 카페에서 와이파이를 사용하고 있고요. 참, 블루투스도 빼놓을 수 없지요. 요즘 이어폰은 무선이 기본입니다.

심지어 충전까지도 무선으로 되는 세상입니다. 그렇다면 이런 무선 통신 기술에는 무엇이 있고 어떤 차이가 있을까요?

휴대폰의 역사

1876년 미국 발명가 **알렉산더 벨**Alexander Bell(1847~1922)이 구리 선을 통해 멀리 떨어진 상대방과 이야기를 나눌 수 있는 전화기를 발명했습니다. 우리나라에 전화기가 소개된 시기는 1880년대 무렵이고, 공식적인 전화기의 설치는 1890년대 후반이었다고 합니다. 이후 전화기는 우리 생활에 없어서는 안 될 전자기기가 되었습니다. 그리고 1980년대 초에 전화선 없이 전화를 할 수 있는 무선 전화기가 등장합니다. 하지만 무선 전화기는 집 안에서만 무선으로 사용할 수 있는 전화기였습니다. 집에는 전화선이 연결되어야 사용이 가능했습니다. 드디어 1983년에 미국에서 최초로 외부에서 사용할 수 있는 진정한 무선 휴대 전화기가 등장합니다. 너무 크고 무거워서 소위 '벽돌폰'이라고 불리는 모토로라Motorola의 **다이나텍**DynaTAC **8000X** 휴대폰입니다. 무게는 785g이고, 배터리 100% 충전에 8시간 정도 걸리지만 고작 30분 통화가 가능한 수준이었습니다.

국내 휴대폰은 1989년 5월에 삼성전자에서 출시한 **SH-100** 모델이 최초입니다. 하지만 잘 알려진 애니콜AnyCall 브랜드를 사용하면서 시장에서 인기를 얻은 제품은 1994년 11월에 출시한 **SH-770**입니다. 이렇게 시작된 애니콜은 이후 플립폰, 폴더폰, 카메라폰, MP3 폰 등 다양한 모습과 기능의 제품을 출시하면서 스마트폰이 시장에 등장하기 전까지 국내 휴대폰의 대명사가 되었습니다.

스마트폰의 등장

2000년대 이후 통화 및 문자 메시기 기능 이외에 이메일 기능과 웹브라우징, 일정 관리, 메모 등 컴퓨터에서나 제공하던 기능을 포함하는 휴대폰이 개발되기 시작했습니다. 초기에는 PDA라는 휴대용 컴퓨터 기기에 전화 통화를 위한 휴대폰 모듈을 넣은 모습으로 세상에 등장했습니다.

하지만 당시 PDA 폰은 크고 무거운 데다, 운영체제인 마이크로소프트의 윈도우 CE는 PC의 윈도우와 비슷하게 화면이 구성되어서 사용하기 어렵고, 크기가 작은 화면에 최적화되지 않았을 뿐만 아니라, 별도의 펜으로 꾹꾹 눌러야 했습니다. 또한 불편한 감압식 터치스크린 방식(터치스크린을 뾰족한 펜으로 눌러야 감지되는 방식)이었으며, 사용 가능한 프로그램도 제한적이었습니다. 이런 단점들 때문에 더 가볍고 사용이 편리했던 폴더폰 등 일반 휴대폰 사용자의 관심을 끌지 못했습니다. 그래서 당시 일부 IT 전문가들은 "PDA 폰은 휴대폰 시장의 주류가 되지 못할 것이다"라고 이야기하기도 했습니다. 삼성전자 같은 국내 휴대폰 기업에서도 PDA 폰의 개발에 많은 노력을 기울였지만 시장에서 인기를 얻지는 못했습니다.

2007년 6월 29일, 미국의 컴퓨터 회사이자 아이팟iPod으로 MP3 플레이어 시장을 석권하고 있던 애플은 아이팟과 휴대폰을 통합한 신제품을 출시합니다. 아이폰iPhone이라는 이름으로 출시된 이 제품의 발표회에서 스티브 잡스는 "이것은 시작일 뿐이다" "애플은 전화기의 역사를 바꿀 것이다"라고 했답니다. 그리고 진짜 그렇게 되었습니다. 아이폰은 이후 스마트폰의 전성시대를 연 제품이 되었을 뿐만 아니라 후속 모델들의 인기를 바탕으로 애플을 세계 1위의 가치를 가진 기업으로 만들었습니다. 국내에는 2년 후인 2009년에 발표한 아이폰 3GS 모델부터 소개되었습니다.

뒤늦게 소개된 아이폰은 국내에서도 선풍적인 인기를 얻었고 당시 국내 스마트폰 기업이 주력하던 마이크로소프트 윈도우 모바일 기반의 스마트폰으로는 상대하기 어려웠습니다. 그래서 애플의 아이폰4가 출시된 2010년에 드디어 삼성전자가 불편하고 복잡한 윈도우 모바일 운영체제를 버리고 당시 구글에서 오픈소스로 배포하던 안드로이드 운영체제를 탑재한 갤럭시 S를 출시했습니다. 그리고 애플과 안드로이드 진영 간의 본격적인 경쟁 시대가 열렸습니다.

휴대폰 통신 방식의 역사

모토로라가 최초로 휴대폰을 출시할 당시 통신 방식은 아날로그였습니다. 전화하는 사람의 음성을 아날로그 신호 그대로 전파에 실어서 주고받는 방식입니다. 라디오 방송과 유사한 방식이라 지역에 따라 잡음도 많고 잘 안 들리는 경우도 많았습니다. 그리고 무엇보다 데이터를 보낼 수 없었습니다. 문자 메시지도 안 되었고 오직 전화로만 사용할 수 있었습니다. 이를 1세대(1G)라고 합니다.

2세대가 되면서 디지털 방식으로 전환된 통신 기술이 등장합니다. 1980년대 초반에 개발된 기술로 CD가 음악을 디지털로 변환해 기록하듯 전화 음성을 디지털로 변환해 주고받는 것입니다. 통화 품질이 깨끗해졌고 주고받는 전파의 강도를 낮출 수 있어 배터리 수명을 늘릴 수 있었습니다. 그러나 가장 중요한 변화는 데이터를 주고받을 수 있게 된 것입니다. 이렇게 디지털 방식이 도입되면서 문자 메시지 기능인 '단문 메시지 서비스Short Messaging Service, SMS'가 시작되었습니다. 하지만 데이터 전송 속도가 낮아 사진이나 음악, 동영상의 전송은 생각하지 못하던 시절이었습니다.

3세대 이동 통신 기술로 발전하면서 디지털 데이터 통신 속도가 비약적으로 빨라집니다. 이제야 문자 메시지뿐만 아니라 사진이나 음악 등 멀티미디어 데이터 전송이 가능해집니다. 3세대 기술의 등장으로 인한 통신 속도의 향상을 배경으로 비로소 스마트폰의 시대가 열립니다.

그림 5-5 이동 통신 방식의 변화

구분	1G (14.4Kb/s)	2G (144Kb/s)	3G (14Mb/s)	4G (150Mb/s~ 1Gb/s)	5G (1Gb/s~)
콘텐츠	음성	음성, 문자	멀티미디어, 음성, 문자	실시간 동영상, 멀티미디어, 음성, 문자	가상 현실, 사물인터넷
기술	아날로그 통신	세계 최초 CDMA	WCDMA	LTE	5G NR
단말기	벽돌폰	피처폰 (소형화, 가격 하락)	스마트폰 (디스플레이 터치스크린)	스마트폰, 태블릿, 노트북	VR/AR, 홀로그램, IoT, 스마트시티, 자율주행
시기	1984년 이동 통신의 시작	1996년 이동 통신 대중화	2003년 영상통화, 인터넷 시작	2011년 스마트폰 대중화	2019년 이후 초연결 사회

4세대는 지금도 많은 사람들이 사용하고 있는 LTE^{Long Term Evolution} 방식의 통신 시대입니다. 디지털 사진뿐만 아니라 동영상이 원활하게 전송되었습니다. 만약 4세대 이동 통신 기술이 없었다면 지금처럼 유튜브를 지하철이나 버스 안에서 시청하기는 어려웠을 것입니다.

그리고 이제 5G 통신의 시대입니다. 전송 속도가 1Gbps^{Giga bit per second}(1초에 10억 비트의 데이터를 전송)가 넘는 속도이기에 이동 중에 스마트폰으로 HD급 영상을 실시간 스트리밍으로 볼 수 있습니다. 지하철이나 버스에서 넷플릭스를 즐길 수 있는 것도 빠른 통신 속도 덕분입니다.

와이파이에 대하여

앞에 설명한 이동 통신 기술은 휴대폰을 밖에서 이동하면서 사용하기 위해 개발된 기술입니다. 따라서 차량이나 도보로 이동하면서 끊기지 않는 통신이 가능해야 하며 전국 어디에서나 접속할 수 있어야 합니다. 이를 위해 이동 통신사에서는 전국에 수많은 중계기를 설치했습니다. 하지만 집 안에 머무르는 동안 우리는 와이파이를 주로 사용합니다. 이동 통신보다 빠르고 사용량과 관계없이 추가 비용이 들지 않아 집에 있는 인터넷 회선을 사용하기에 적합하기 때문입니다. 이렇게 편리한 와이파이는 무엇일까요?

와이파이는 컴퓨터를 위해 개발된 무선 네트워크 기술입니다. 컴퓨터 네트워크 중 근거리에 있는 컴퓨터들 간의 통신을 위한 네트워크 기술을 랜Local Area Network, LAN이라 부릅니다. 요즘 '랜선 미팅'이니 '랜선 공연'이니 할 때 표현한 랜이 이 랜입니다. 그리고 랜 기술은 기본적으로 유선 네트워크에서 시작된 기술입니다. 와이파이는 이더넷Ethernet이라는 유선 네트워크 기술의 통신 프로토콜Protocol입니다. 프로토콜이란, 통신하는 양측이 상호 간에 어떤 규약에 따라 데이터를 주고받을 것인지 약속한 기준을 의미합니다. 예를 들어 무전기로 통신할 때 말이 끝났음을 알리는 '오버'라는 말을 끝에 붙여주기로 약속한 것을 가장 단순한 프로토콜이라고 할 수 있습니다.

와이파이는 1998년 9월에 결성한 비영리 기술 협약 단체인 **와이파이 얼라이언스**WiFi Alliance의 등록 상표입니다. 공식 명칭은 '802.11 무선 통신 규약'입니다. 최신 기술은 802.11ax이며 최대 통신 속도는 9.6Gbps에 이릅니다. 그래서 지금은 유선 랜과 속도

그림 5-6 와이파이 표준의 변천사

세대/IEEE 표준	최대 연결 속도	적용 년도	주파수
와이파이6E (802.11ax)	600~9,608 Mbit/s	2019	6 GHz
와이파이6 (802.11ax)	600~9,608 Mbit/s	2019	2.4/5 GHz
와이파이5 (802.11ac)	433~6,933 Mbit/s	2014	5 GHz
와이파이4 (802.11n)	72~600 Mbit/s	2008	2.4/5 GHz
802.11g	6~54 Mbit/s	2003	2.4 GHz
802.11a	6~54 Mbit/s	1999	5 GHz
802.11b	1~11 Mbit/s	1999	2.4 GHz
802.11	1~2 Mbit/s	1997	2.4 GHz

출처: 위키피디아

차이가 거의 없는 수준입니다. 통상적으로 와이파이 방식 통신의 유효 거리는 기술적으로 최대 100m까지라고 하나 통상적인 환경에서는 20~40m 정도입니다.

와이파이는 무선 액세스 포인트 Access Point, AP라는 장비를 이용해 유선 랜과 연결됩니다. 우리가 집에서 와이파이를 쓰려고 별도로 구매해서 기존 인터넷 회선 장비에 연결하는 그 장비입니다. 무선 AP를 구입할 때 해당 세품이 최신 와이파이 기술을 지원하는지 확인하려면 그림 5-6에 있는 와이파이 세대별 기술의 지원 여부를 확인하면 됩니다. 무선 AP의 접속 가능 거리는 대략 40m까지 가능해서 때로는 옆집에서도 연결할 수 있습니다. 영화 〈기생충〉에서 옆집의 와이파이를 사용하려고 애쓰는 장면이 등장하는 이유가 바로 이 때문입니다. 보안을 위해 와이파이 무선 AP 접속 시 암호를 입력하도록 설정할 수 있으며 접속 암호를 지정하는 게 좋습니다.

블루투스 통신

스마트폰에 적용된 무선 통신 기술 중 최근에 많이 사용되고 있는 기술이 **블루투스** 통신입니다. 블루투스는 스웨덴의 통신 기술 회사인 **에릭슨** Erricson에서 1989년에 고안한 통신 기술로, 소형 기기를 위해 근거리(보통 10m 이내)에서 최소한의 전력을 사용하도록

그림 5-7 블루투스 통신 방식의 TWS 이어폰

고안한 통신 기술입니다. 1989년에 개발된 기술이지만 블루투스를 적용한 첫 제품은 1999년이 되어서야 처음으로 세상에 나온 무선 이어폰이었습니다. 기술 발전의 단계별로 블루투스 1.0부터 2.0, 3.0순으로 이름이 부여되며 최신 블루투스 기술은 5.0입니다. 기술이 발전할수록 배터리 소모가 줄어들고 통신 속도가 빨라졌습니다.

우리가 사용하는 블루투스의 주요 용도는 무선 이어폰과 스피커입니다. 블루투스 통신으로 스마트폰과 연결해 음악을 듣거나 통화를 하지요. 최근에는 이어폰도 발전하고 있습니다. 최신 이어폰 제품들은 시끄러운 곳에서도 음악을 또렷하게 들을 수 있게 해주는 노이즈 캔슬링^{Noise canceling} 기능을 제공합니다. 최근에는 오른쪽과 왼쪽의 이어폰을 완전한 무선 방식으로 연결할 수 있는 TWS^{True Wireless Stereo} 방식의 제품이 인기를 얻고 있습니다.

스마트폰에서 사용하고 있는 무선 통신 기술 세 가지의 특징을 통신 가능 최대 거리, 통신 속도, 전력 소모량 등으로 비교하면 쉽게 구분할 수 있습니다.

블루투스, 와이파이 그리고 5G

무선 통신의 사용처는 향후 점점 더 늘어날 것입니다. 스마트폰의

그림 5-8 무선 통신 기술별 비교

구분	와이파이	블루투스	5G
통신 거리	최대 100m	최대 10m	최대 수Km
통신 속도	가장 빠름, 수Gb/s (802.11ax)	가장 느림, 2Mb/s (블루투스 5.0)	빠름, 수백Mb/s~1Gb/s
전력 소모량	보통	가장 적음	가장 많음
주요 사용 영역	무선으로 집 안 또는 카페, 사무실의 인터넷과 연결	무선 이어폰, 스피커, 스마트워치, 키보드, 마우스 연결	외부에서 이동하면서 전화 통화 또는 데이터 사용

활용 범위가 넓어지고 스마트워치나 밴드 등 스마트폰과 연결해
사용하는 IT 기기들이 계속 발전하기 때문입니다.

액티브 노이즈 캔슬링이 무엇인가요

요즘 애플의 **에어팟**이 인기입니다. 삼성도 무선 이어폰 제품이 있
고 이어폰이나 헤드폰을 전문으로 만드는 여러 회사들도 있습니다.
그런데 이런 제품들 중 노이즈 캔슬링(잡음 감소) 기능을 제공한다
는 제품들이 있습니다. 이런 제품은 가격도 고가입니다. 이 기능이
무엇이고 왜 필요할까요?

노이즈 캔슬링의 원리는 주변에서 발생하는 소음을 분석한 후
이어폰이나 헤드폰에서 소음과 정반대되는 파형의 음을 인위적으
로 발생시켜 상쇄시키는 것입니다.

그림 5-9 윗부분의 좌측과 같은 파형의 소리가 전해질 때 이와
반대되는 파형의 소리를 생성해 합치면 이론적으로 정적을 만들
수 있습니다. 소음이 심한 공사장에 적용하면 공사장 소음을 없앨
수 있는 것입니다. 원래 전하려는 파형에 소음이 섞여 있는 경우 소
음에 해당하는 파형의 반대 파형을 형성한 뒤 합성해 재생하면 소
음이 제거된 파형만을 전할 수 있게 됩니다. 이런 원리로 이어폰에

그림 5-9 액티브 노이즈 캔슬링의 원리

크기는 동일하나 위상이 180도 반대인 두 음파의 합성 시 출력 파형

원음에 노이즈가 혼합된 파형에 180도 위상 반전한 노이즈 파형 합성 시 출력 파형

출처: soundguys.com

그림 5-10 액티브 노이즈 캔슬링의 구성도

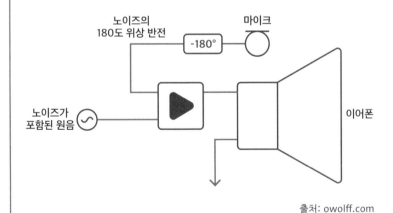

출처: owolff.com

서 소음을 감소하면서 음악은 잘 들리게 하는 것입니다. 이런 기능이 가능 하려면 이어폰 내에 마이크가 있어야 합니다. 마이크로 수집된 주변 소음과 반대되는 파형의 음파를 실시간으로 만들어 음악 신호에 섞어 내보냅니다.

이 기술은 1936년에 첫 특허를 얻었으니 정말 오래된 기술입니다. 하지만 1980년대 후반이 되어서야 제품으로 세상에 처음 나왔습니다. 그리고 지금은 소음을 감지하는 마이크를 하나가 아니 여러 개를 사용하면서 음악 신호에는 영향을 주지 않고 소음만을 제거하는 기능이 더욱 향상되었습니다.

내비게이션은 어떻게
지름길을 알까

자동차를 소유하면 매년 자동차보험을 의무적으로 가입해야 합니다. 보험료로 큰돈을 한 번에 지불하기 때문에 보험 가입 시 사은품이 무엇이 있나 기대합니다. 그런데 한때 자동차보험 가입 시 주는 사은품의 최고 인기 품목이 전국교통지도책이었다는 것을 아시나요? 1999년 판, 2000년 판 이렇게 책 표지에 연도가 표기된 꽤 두툼한 책이었습니다. 그런데 언젠가부터 이런 전국교통지도책이 우리 주변에서 사라졌습니다. 누구나 차 안에 한 권씩은 가지고 다니던 책이었는데 말입니다.

지도책이 사라진 이유는 **내비게이션**Navigation이 등장했기 때문입니다. 초기 내비게이션은 별도로 구매해 설치해야 하는 매우 고가의 자동차 옵션 사항이었는데 지금은 스마트폰 앱이 훌륭한 내비게이션 역할을 수행합니다. 스마트폰 내비게이션의 대중화로 지도책뿐만 아니라 한때 번창했던 아이나비Inavi 같은 다양한 전문 내비게이션 회사들이 지금은 많이 사라지거나 사업이 축소되었습니다. 이 장에서는 운전 시 사용하는 내비게이션의 역사와 원리 그리고 운전 중에 사용되는 다른 IT 기술들에 관해 알아보겠습니다.

내비게이션의 역사

내비게이션의 역사는 인류의 역사와 같이한다고 볼 수 있습니다. 고대에는 낮에 해가 뜨고 지는 것을 보고 방향을 찾았고, 한밤에 사막을 횡단할 때 별을 보면서 방향을 정하고 길을 찾았습니다. 그리고 기원전 2세기 무렵 중국의 한나라에서 나침반을 발명하면서 내비게이션의 기초적인 기술이 발전했습니다. 하지만 본격적으로 내비게이션 기술이 발전한 때는 **대항해시대**大航海時代 (유럽인들이 항해술을 발전시켜 아메리카로 가는 항로와, 아프리카를 돌아 인도와 동남아시아, 동아시아로 가는 항로를 발견하고 최초로 세계를 일주하는 등 다양한 지리상의 발견을 이룩한 시대)입니다. 바다 한가운데에서 방향을 정하려면 현재 위치를 알아야 하는데 나침반만으로는 한계가 있어 육분의六分儀, 천체도, 해도海圖 등을 이용해 위치를 파악하고 항로를 결정했습니다. 내비게이션이라는 용어는 바다의 항

그림 5-11 과거의 전자기계식 관성 항법 장치

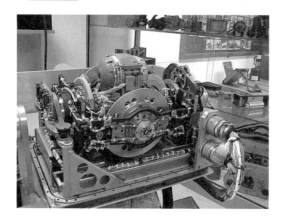

해에서 유래했습니다.

이후 비행기를 발명하고 항공 기술이 발전하면서 비행 중 현재 위치를 파악하고 방향을 정해 항로를 결정해야 했습니다. 그러나 바다에서 별을 보며 방향을 찾는 방식으로 비행경로를 찾는 데는 한계가 있었습니다. 비행기가 올바른 경로로 비행하려면 새로운 항법 기술이 필요했고, 이를 위해 등장한 기술이 **관성 항법 시스템**Inertial Navigation System, INS입니다. 관성 항법 시스템은 회전하는 원반의 운동을 감지하는 관성 센서를 이용해 운반체의 속도, 위치, 자세 등의 항법 정보를 계산하는 장치입니다. 이 시스템은 관성 센서, 센서 구동 및 신호처리 회로, 항법 컴퓨터 등으로 구성됩니다. 초기에는 회전 원반을 비롯해 다양한 센서가 포함된 거대한 장치였으나 지금은 스마트폰 안에도 들어갈 수준으로 작아졌습니다.

하지만 관성 항법 장치는 **위성 항법 시스템**Global Positioning System, GPS 기술의 등장으로 더 이상 내비게이션의 핵심 장비로 취급받지 않게 되었습니다. GPS를 이용해 정확한 현재 위치를 알아내는 원리는 앞의 '당근마켓 속에 숨어 있는 IT 기술'에서 설명했으니 참고하세요.

그러나 땅 위를 달리는 자동차의 경우에는 조금 사정이 복잡합니다. 배나 비행기는 현재의 위치와 가야 할 곳의 위치를 알면 기본적으로 직선으로 쭉 가면 되는데 자동차는 길을 따라 가야 하니까요. 따라서 자동차 내비게이션은 관성 항법 장치나 GPS만으로는 부족합니다. 디지털화된 도로 지도가 있어야 합니다.

오늘날 우리가 사용하는 내비게이션 방식을 '**턴 바이 턴**Turn by turn **내비게이션 방식**'이라고 부릅니다. 운전 중인 운전자를 갈림길에서 어디로 가야 하는지 음성이나 화면을 통해 안내하는 방식입니다. 1995년에 최초로 이런 방식의 내비게이션 시스템을 만든 회사가 독일의 **콤로드**ComRoad AG입니다. 같은 해 **혼다**HONDA에서 하드디스크를 이용한 내비게이션을 장착한 차량을 출시했고, 1998년에는 DVD를 이용한 방식을 선보였습니다. 내비게이션은 지도 데이터를 정기적으로 업데이트를 해야 합니다. 새로운 길이 계속 생겨나기 때문입니다. 그래서 DVD를 이용한 방식은 DVD에 지도 데이터를 저장한 뒤 정기적으로 DVD를 새로운 버전으로 바꾸어줘야 합니다. 최근의 내비게이션은 온라인으로 지도 데이터를 업데이트 해줍니다.

정밀한 지도 데이터를 만드는 데는 많은 비용과 시간이 필요합니다. 우리나라만 해도 전국 곳곳의 길과 주변 건물 및 기타 정보를 상세히 수집하고 **벡터 그래픽 데이터**Vector graphic data(확대하거나 축소해도 정밀도가 변하지 않는 데이터)로 변환해야 합니다. 이러한 지도 데이터를 기반으로 다양한 서비스에 응용하는 시스템 분야를 **지리 정보 시스템**Geographic Information System, GIS이라고 합니다. 지리 정보 시스템은 인간 생활에 필요한 지리 정보를 컴퓨터 데이터로 변환해 다양한 방면에서 효율적으로 활용하는 정보 시스템입니다. 내비게이션 시스템은 물론 지도 서비스, 토지 정보 관리, 국방 시스템 및 지능형 교통 시스템 등이 포함됩니다.

내비게이션 길 찾기의 진화

초기 내비게이션은 주변 정보도 없이 도로 정보만 있는 단순한 지도 데이터를 사용했습니다. 미국의 렌터카 업체인 **허츠**Hertz가 1995년부터 렌터카에 장착했던 **네버로스트**Neverlost(절대 잃어버리지 않는다는 의미) 내비게이션의 별명이 '포에버 로스트Forever lost(영원히 잃는다)'였다고 합니다. 그만큼 안내 능력이 신통치 않았습니다.

가장 기본적인 내비게이션의 길 안내 방법은 출발지에서 목적지까지 여러 도로를 통해 연결된 경로 중에서 거리가 가장 짧은 경로를 찾아 안내하는 것입니다. 수학의 그래프 이론에서 유래한

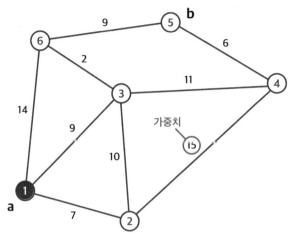

그림 5-12 다익스트라 알고리즘의 예

출처: 위키피디아

방법으로, **다익스트라 알고리즘**Dijkstra's algorithm이라 부릅니다. 원리는 다음과 같습니다. 그림 5-12에서 a에서 b로 간다고 할 때 가능한 여러 경로(그림 5-12의 경우에는 1-6-5, 1-2-4-5, 1-3-4-5 등 여러 경로가 가능합니다) 중 각 **노드**Node(숫자가 쓰인 원, 내비게이션상에서는 갈림길에 해당)를 연결하는 **링크**Link(도로에 해당)의 **가중치**Weight(각 노드 간 거리에 해당)의 합이 가장 작은 경로를 선택하는 알고리즘입니다. 이러한 수학 문제를 **최적화 문제**Optimization problem(주어진 조건을 만족하는 최소 혹은 최대의 값을 찾는 문제)라고 하며 많은 계산이 필요한 분야입니다.

초기 내비게이션은 저장된 지도의 도로 데이터를 바탕으로 목적지로 가는 경로의 거리만 최적화해 길 안내를 했습니다. 2000년 10월 국내 최초 PDA 기반으로 출시한 내비게이션 '**아이나비320**'이 그런 시스템으로 작동했습니다.

그런데 내비게이션만 믿고 운전하다가 도로가 공사 중이거나 사고가 나면 통행이 안 되어 길이 막혀 낭패를 당하기도 했습니다. 정작 내비게이션이 알려준 길이 가장 빠른 길이 아닌 경우도 많았지요.

이런 내비게이션 업계에 혁신적인 변화를 이끈 것은 2002년에 SK텔레콤에서 서비스를 시작한 **티맵**^{TMAP}이었습니다. 스마트폰이 나오기 전이었지만 GPS 모듈과 휴대폰을 연결하면 사용할 수 있었고 실시간 교통상황을 반영해 길 안내를 제공했습니다. 그래서 추석이나 설 연휴 때 꽉 막힌 길을 피해 빠르게 갈 수 있는 길을 알려주었기에 티맵을 사용하지 않는 다른 운전자를 뒤로하고 빠르게 목적지를 갈 수 있어 선풍적인 인기를 얻었습니다.

실시간 교통상황을 반영하는 방법은 다익스트라 알고리즘의 각 노드를 연결하는 링크의 가중치를 지리적 거리의 값이 아닌 실제 소요 시간으로 바꾸는 것입니다. 그런데 이를 위해서는 고정된 거리 값과는 다르게 실시간 도로의 상황에 따라 변하는 소요 시간에 맞추어 가중치를 바꿀 수 있어야 합니다. 하지만 DVD나 메모리에 저장된 데이터는 이런 실시간 변경이 불가능합니다.

이를 위해 티맵은 경로 계산을 휴대폰에서 하지 않고 SK텔레콤의 티맵 중앙 서버에서 합니다. 그리고 실시간으로 자동차의 운행에 맞추어 휴대폰에 데이터를 전송해주었습니다. 중앙 서버는 실시간으로 도로의 교통상황이 전송 및 관리되는 기능이 있었습니다. 또한 고성능의 중앙 서버를 이용해 보다 최적화된 경로를 계산할 수 있었습니다. 아이나비처럼 통신이 안 되고 경로 계산을 자체적으로 하던 내비게이션보다 더 효율적인 길 안내가 가능했습니다. 오늘날의 스마트폰 내비게이션이나 자동차에 설치된 내비게이션 모두 길 안내 시 실시간 교통 정보를 데이터로 활용합니다. 그렇다면 실시간 교통 정보는 어떻게 수집할까요?

내비게이션이 교통 정보를 반영하는 방법

내비게이션이 실시간 교통 정보를 반영하는 방법은 크게 두 가지입니다. 첫 번째는 **티팩**Transport Protocol Experts Group, TPEG이라는 방식입니다. **지상파 DMB**Digital Multimedia Broadcasting(2005년부터 방송을 시작한 디지털 방송. 지금은 스마트폰 때문에 거의 사라지기 직전인데 재해안내 문자와 교통 정보 전송용으로 명맥을 유지하고 있습니다) 채널을 통해 주기적으로 전송되는 도로 교통상황 정보를 이용하는 방법입니다.

두 번째는 스마트폰의 이동 통신망을 이용하는 방법입니다. 대체로 차량에 붙박이로 설치되는 내비게이션은 티팩을 이용하는 경우가 많고 내비게이션 앱은 이동 통신망을 이용합니다. 그래서 내비게이션 앱을 통해 더욱 빠르고 정확한 길 안내를 받을 수 있어서 차에 내비게이션이 있어도 거의 사용하지 않지요. 더구나 실시간 지도 정보 업데이트는 내비게이션 앱에서 기본으로 이루어집니다.

그렇다면 도로 교통상황 정보는 어떻게 수집할까요? 아무리 스마트폰이라도 교통상황 정보가 있어야 내비게이션 기능을 제공할 수 있습니다. 실제 교통상황 정보를 데이터로 수집하는 방법은 몇 가지가 있습니다. 가장 기본적인 방법이 곳곳의 주요 도로 지하에 차량 감지기를 묻어두는 것입니다.

가장 안정적인 기술은 **루프**^{Loop} **검지 방법**입니다. 도로에 원형 코일을 묻고 전기를 흘려 자장^{磁場}을 형성해놓으면 금속으로 된 차량이 그 위를 지나갈 때마다 생기는 자장의 변화를 감지해 차량이 지나갔다는 것을 확인하는 방식입니다. 그 외에 초음파를 사용하는 방식, CCTV 영상을 디지털 분석을 통해 확인하는 방식 등이 있습니다.

다른 방법으로는 자동차마다 사용하는 스마트폰 내비게이션 앱을 이용하는 것입니다. 현재 도로를 달리는 차가 내비게이션을 사용 중이면 현재 해당 차량의 위치 및 속도를 알 수 있습니다. 내비게이션 앱이 이 정보를 중앙 서버로 전송하면 실시간으로 현재 차량이 운행 중인 도로의 평균 시속을 구할 수 있습니다. 이 방식의 장점은 감지기가 설치되지 않은 골목길이나 이면도로의 교통상황까지 알 수 있다는 점입니다. 티맵이 이러한 방식으로 정보를 수집해 길 안내를 했기에 운전자들의 주목을 받았습니다. 지금의 내비게이션은 여기에 유료 도로 통행 시 발생하는 통행 요금을 반영하거나 기타 운전자의 옵션 등을 종합적으로 반영해 길 안내를 합니다.

그런데 '운전자 모두에게 똑같은 길을 안내하면 그 길로 몰려 결국 막히지 않을까?'라는 생각을 해본 적은 없나요? 이런 현상을 '**내비게이션 정체**'라 합니다. 결론부터 이야기하면 내비게이션 정체는 잘 일어나지 않는다고 합니다. 그 이유는 예컨대 100대 차량이 한꺼번에 동일한 출발지와 도착지를 입력하는 경우가 드물기도 하고, 모든 이용자가 똑같은 시간에 똑같은 출발지와 도착지를 입력하지 않아 1차 분산 효과가 있기 때문입니다. 그리고 일정 시간 간격으로 실시간 교통 정보를 반영하면 2차로 경로를 조정해 안내합니다. 즉 일정 시간마다 특정 도로가 막히는지를 미리 파악해 다른 경로로 안내하기 때문입니다.

내비게이션의 미래

내비게이션은 미래 자율주행 자동차 기술의 핵심 기능입니다. 그리고 최근에는 차량 주행 시 주변 차량과 실시간으로 통신을 주고받으며 차량이 보다 안전하게 주행할 수 있도록 하는 기술도 개발되고 있습니다. 이를 V2V^{Vehicle-to-Vehicle} 통신이라고 합니다. 더 나아가 주행하는 차량이 주변 교통 관제 시설들과 통신을 주고받

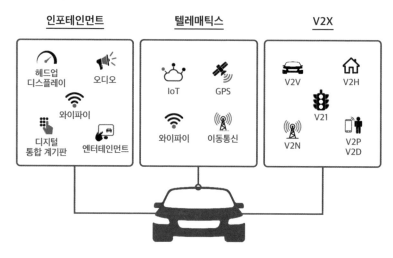

그림 5-13 미래의 커넥티드 카

출처: qorvo.com

는 것을 **V2X**^{Vehicle-to-Everything} 통신이라고 합니다. 이러한 기술들을 **커넥티드 카**^{Connected Car} 기술이라고 합니다.

과속 단속과
하이패스

| 내비게이션 앱이 등장하기 전까지 우리나라 운전자들이 차량마다

장착한 장치가 있었습니다. GPS 과속 단속 방지 장치입니다. 길 안내 기능은 없고 길에 설치된 과속 단속 카메라 근처에 가면 GPS 위치 값을 비교해 경고 알람만 주는 것입니다. 지금은 내비게이션이 이 기능을 제공해주기 때문에 사라졌습니다.

그렇다면 과속 단속은 어떤 원리로 이루어지는 것일까요? 가장 기본적인 방법이 앞에서 이야기한 루프 검지 방법입니다. 과속 단속 카메라 앞 일정 거리에 2개의 센서를 설치합니다. 그리고 차량이 통과할 때 두 루프가 감지한 시간차를 분석해 속도를 측정하고, 측정 결과가 위반으로 나올 시 카메라로 촬영을 하는 것입니다. 루프가 도로에 매설되어 있으므로 당연히 카메라의 위치를 변경할 수 없어 고정 카메라 단속 방식에 쓰입니다.

도로변에 설치한 이동식 카메라 단속 박스 안의 카메라로 촬영하는 방식도 있습니다. 이 방식은 도로에 루프가 없기 때문에 카메라에 루프 역할을 대신할 레이저를 달아 차량의 속도를 측정합니다. 카메라에서 쏜 레이저는 차량에 반사되어 돌아오는데 이때 레이저를 감지한 뒤 시간차를 분석한 결과가 과속이면 촬영합니다.

마지막으로 구간 단속 방식입니다. 도로의 일정 구간의 시작과 끝에 고정식 단속 카메라를 하나씩 설치하고 2개의 카메라에 찍힌 차량의 사진 촬영 시간을 토대로 평균 시속을 구해 단속합니다.

달리는 차량을 감지하는 시스템은 교통상황 분석 및 과속 단속에만 사용되는 게 아닙니다. 우리가 고속도로를 통행할 때 예전에는 톨게이트에서 직접 표를 주고받으며 통행료를 계산했습니다. 그

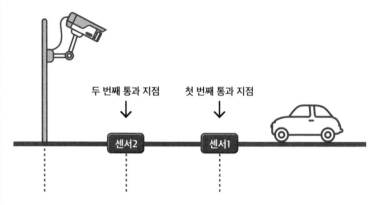

그림 5-14 고정식 과속 단속 카메라 원리

두 번째 통과 지점

첫 번째 통과 지점

센서2

센서1

출처: 현대자동차 키즈현대

러나 지금은 통과하면 자동으로 계산됩니다. 바로 **하이패스**^{Hi-pass}
덕분입니다.

하이패스 시스템이 작동하기 위해서는 전자카드, 차량 단말기,
톨게이트 안테나가 있어야 합니다. 안테나는 자동차를 인식하고 차
량 단말기로부터 결제 카드 정보를 요청합니다. 차량 단말기는 안
테나로부터 신호를 받으면 결제 카드 정보를 안테나로 전송합니다.
영업소 전산 시스템은 안테나를 통해 인식한 카드 정보를 바탕으
로 결제하고, 결과를 다시 안테나로 보내 결제 완료를 운전자에게
알립니다. 이 과정은 차량이 하이패스를 통과하는 1~2초 사이에
이루어집니다.

하이패스 단말기가 톨게이트에 설치된 인식 장치와 통신하는 방

법에 따라 두 가지 방식이 존재합니다. 안테나와 전파를 이용하는 **RF**^{Radio Frequency} **방식**과 TV 리모컨처럼 적외선을 이용하는 **IR**^{Infra-Red} **방식**이 있습니다. 차량 내에 단말기 설치 시 반드시 앞 유리창에 부착해야 하는 것은 IR 방식이고 차량 어디에 두어도 되는 모델은 RF 방식이며 지금은 RF 방식이 많이 쓰입니다.

PART 6

IT 서비스와 보안

화이트 해커와
보안

어두컴컴한 지하실 구석에서 덥수룩한 수염에 정돈되지 않은 머리, 그리고 두꺼운 안경테를 쓰고 여러 개의 컴퓨터 모니터에 둘러싸여 키보드를 열심히 두들기고 있는 사람이 영화에서 자주 등장하는 컴퓨터 해커의 모습입니다. **해커**^{Hacker}는 '해킹을 하는 사람'이라는 뜻입니다. 그리고 **해킹**^{Hacking}은 '타인의 컴퓨터 시스템에 무단 침입해 데이터에 접속할 수 있는 권한을 얻는 것'이라고 정의됩니다.

해커들은 대체로 악역으로 묘사됩니다. 금융기관이나 정부기관의 컴퓨터 시스템에 침투해 시스템을 마비시키거나 중요 정보를 탈취하는 일을 합니다. 하지만 **화이트 해커**^{White hacker}라고 들어

보셨나요? 화이트 해커는 해커와 비슷하거나 더 뛰어난 해킹 능력을 가졌지만 불법적인 시스템 침입을 하는 것이 아니라 정보 시스템의 보안상 취약점을 사전에 발견할 수 있도록 도와주는 보안 전문가입니다. 이 장에서는 해커와 화이트 해커 그리고 정보 시스템의 보안 문제에 대해 알아보겠습니다.

해킹의 역사

해커라는 용어는 1960년대 미국 MIT 대학에서 시작되었습니다. 당시 MIT 대학은 컴퓨터 역사의 초창기 시절 프로그래밍 기술의 발전에 큰 영향을 주었습니다. 그리고 해커란, 당시에 첨단 프로그래밍 언어였던 포트란Formula Translator, FORTRAN 프로그래밍 기술이 뛰어난 컴퓨터 전문가를 일컫는 말이었습니다. 당시 해커 중 지금까지도 컴퓨터 역사에 길이 남아 있는 인물로 유닉스Unix 운영체제를 개발한 **켄 톰프슨**Ken Thompson(1943~)과 C 언어를 발명한 **데니스 리치**Dennis Ritchie(1941~2011)가 있습니다.

이후 컴퓨터 기술이 발전하고 인터넷의 등장으로 다양한 분야에서 프로그래밍 언어가 활용되면서 해커들은 점차 악역으로 변해갔습니다. 2000년에 당시 일명 마피아보이Mafiaboy라고 알려졌던 15세의 캐나다 고등학생인 **마이클 캘스**Michael Calce(1984~)는 아마존, CNN, 이베이, 야후Yahoo 등 당시 유명한 웹 사이트에 **분산 서비스**

그림 6-1 해커가 사이트에서 고객 개인 정보를 유출하는 과정

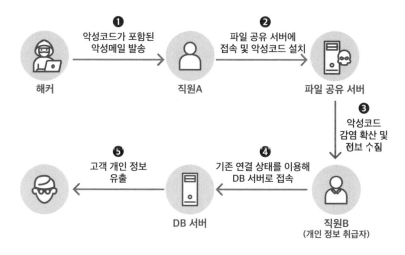

① 악성코드가 포함된 악성메일 발송

② 파일 공유 서버에 접속 및 악성코드 설치

해커　　　직원A　　　파일 공유 서버

③ 악성코드 감염 확산 및 정보 수집

⑤ 고객 개인 정보 유출

④ 기존 연결 상태를 이용해 DB 서버로 접속

DB 서버

직원B (개인 정보 취급자)

출처: 이글루시큐리티

거부 공격 Distributed Denial-of-Service, DDoS을 감행해 사이트를 마비시켰습니다. 당시 전문가의 추정에 따르면 이 공격으로 인한 피해액이 12억 달러에 달했다고 합니다. 하지만 캘스는 당시 청소년이라는 이유로 보호 감호 처분만 받았습니다.

2009년에는 구글의 중국 본사가 해커의 공격을 받았습니다. 당시 해커는 구글의 여러 서버에 침투해 정보를 탈취했다고 합니다. 그리고 구글은 이 공격에 대해 중국 인권 운동가들이 사용하는 지메일G-mail 계정에 침투하려는 목적이었다고 발표했습니다. 이 사건 후 2010년에 구글은 중국에 있던 서버를 홍콩으로 이전했

습니다.

　2013년에는 해커가 야후 서버에 침투해 10억 명의 계정 정보
를 탈취했다고 합니다. 하지만 2017년에 야후는 실제 유출된 계
정의 개수는 30억 명이라고 정정 발표 했습니다. 2021년 6월에는
링크드인LinkedIn의 사용자 중 7억 명의 계정 정보가 해킹으로 유출
되었습니다. 이는 전체 링크드인 가입자 7억 5,600만 명 중 92%
에 해당합니다. 해킹된 자료는 1차로 5억 명의 계성 성보가 인터
넷에 유출되었으며 이후 '갓 유저'라는 이름의 해커는 7억 명의
계정 정보를 판매하겠다고 했습니다.

　2019년에는 5억 3,300만 명의 페이스북 사용자 계정 정보가

그림 6-2 2010~2017년 우리나라 해킹 사고 처리 수

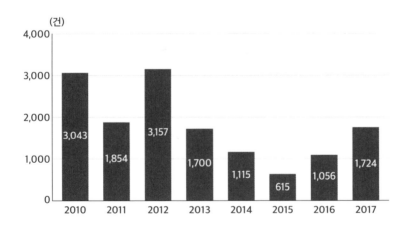

출처: 한국인터넷진흥원

해킹으로 유출되었으며, 2018년에는 매리어트 호텔 고객 5억 명의 정보가 유출되었습니다. 같은 연도에 3억 3,000만 명의 트위터 사용자 정보가 유출되는 등 인터넷 서비스의 발전과 해킹은 서로 깊은 관계가 있습니다.

우리나라도 예외는 아니어서 대형 쇼핑몰이나 포털 등의 사용자 정보가 해커에 의해 대량으로 유출된 사고가 여러 번 있었습니다. 오죽하면 대한민국 국민의 신상 정보 대부분을 중국의 해커가 가지고 있을 것이라는 이야기가 있을 정도입니다. 이렇게 유출된 개인 정보는 2차 피해로 범죄에 이용될 가능성이 있어 문제가 큽니다. 최근 보이스피싱의 증가는 개인 정보의 유출과 무관하지는 않을 것입니다.

화이트 해커는 어떤 일을 할까요

앞서 해커는 컴퓨터 역사 초기에 아주 능력이 뛰어난 프로그래머나 컴퓨터 전문가를 의미하는 뜻으로 탄생한 용어였으나 시간이 흐르면서 해킹으로 정보를 훔쳐 가는 악역을 뜻하는 용어가 되었다고 이야기했습니다. 이런 해커를 블랙 해커라고 하며 이와 반대로 정보 시스템의 보안을 강화하는 데 도움을 주는 해커를 화이트 해커라고 합니다.

화이트 해커의 주요 업무는 보안 시스템 연구와 시스템 모의

그림 6-3 해커의 구분

해커의 유형	특징
화이트 해커	선량한 의도, 불법적인 목적으로 기술을 이용하지 않음
블랙 해커	악의적 의도, 불법적인 목적 또는 개인 이익을 위해 기술을 이용함
그레이 해커	악의적 의도와 선량한 의도 사이에서 수시로 전환, 그레이 해커의 목적은 주로 국가적인 치원에서의 보안 유지

침투로 구분할 수 있습니다. 보안 시스템 연구는 새로운 IT 기술의 보안 취약점을 찾거나 그 보안 취약점에 대한 대응 방안을 연구하고, 연구 결과를 서비스화 또는 제품화하는 것입니다. 그리고 시스템 모의 침투는 기업이나 기관에서 사용하는 정보 시스템 또는 IoT 기기 등에 침투 시도를 해서 발견된 시스템 및 프로그램 등의 취약점을 제품 제조사, IT 서비스 업체 등에 미리 알려주는 것입니다. 더 나아가 어떤 식으로 대응하면 취약점을 올바르게 해결할 수 있는지 아이디어나 기술을 제공합니다.

2016년 6월 17일 미국의 전 세계 군사 전략을 총괄하는 펜타곤(미국 국방부를 지칭하는 별명)의 보안 시스템이 하루 만에 138차례 침입당했습니다. 미국 국방부 홈페이지를 노린 해커들의 소행이었습니다. 그러나 미국 국방부는 오히려 이들에게 총 7만 5,000달러를 상금으로 지급했다고 합니다. 상금을 받은 해커들은 공익 목적으로 타인의 보안망에 침투해 취약점을 알려주는 화이트 해커들이었습니다.

보안 강화를 위해 많은 국가가 화이트 해커들을 양성하고 있습니다. 지난 2020년 9월 3일부터 이틀간 제13회 코드게이트 Codegate 국제 대회가 온라인으로 개최되었습니다. 코드게이트는 국제 해킹 방어 대회입니다. 전 세계 97개국 화이트 해커들이 참가하는 대규모 행사로, 세계 각국의 화이트 해커들이 일반부, 대학생부, 주니어부로 나뉘어 각자의 기량을 겨루는 각축장입니다. 당시 일반부 최종 결과는 1위가 미국의 'PPP'팀이었으며 2위가 대한민국의 '양진모띠'라는 팀이었습니다.

어떻게 하면 화이트 해커가 될 수 있나요

화이트 해커의 정식 직업명은 '정보보안전문가'입니다. 제4차 산업혁명 시대, 빅데이터 시대, ICT 시대인 오늘날에 대단히 중요하고 인기 있는 직종입니다. 현재 우리나라에서 활동하는 화이트 해커의 수는 약 400명으로 알려져 있습니다. 이 가운데 엘리트 해커는 100명 정도라고 합니다. 2016년 기준으로 중국은 30만 명, 미국은 8만 명에 달하는 화이트 해커를 양성했다고 합니다.

우리나라의 화이트 해커의 수는 해커들의 중심지인 중국과 미국에 비하면 아직 턱없이 부족한 상황입니다. 따라서 국내의 화이트 해커에 대한 수요는 더 높다고 볼 수 있습니다. 21세기의 보안

전문가인 화이트 해커가 되려면 무엇을 해야 할까요?

우선 기본적인 해킹 실력이 있어야 합니다. 그리고 공인된 자격증을 취득하면 유리합니다. 국내 보안 관련 자격증의 경우 한국인터넷진흥원이 시행하는 두 가지 국가 기술자격검정이 대표적입니다. '정보보안기사'와 '정보보안산업기사'입니다. 정보보안산업기사는 정보보안기사보다 낮은 기술 수준의 자격증입니다. 쉽게 말해 정보보안기사 자격 검정이 징보보안산업기사 자격 검정보다 어렵다는 뜻이지요.

보안과 관련한 국제 공인 자격증도 있습니다. 가장 유명한 두 가지가 CISSP^{Certified Information Systems Security Professional}(정보시스템보안전문가), CISA^{Certified Information Systems Auditor}(정보시스템감사사)입니다. 두 자격증 모두 취득 과정이 그리 만만하지 않습니다. 시험 합격 후 5년 이상 실무 경력을 반드시 채워야만 공인받을 수 있기 때문입니다.

이처럼 정보보안전문가, 즉 화이트 해커로 인정받는 데는 상당한 노력이 요구됩니다. 바꾸어 말하면 화이트 해커들은 오늘날 '보안 전쟁'에서 최강 정예 부대라는 의미입니다.

하지만 한편에서는 미국과 비교했을 때 국내의 화이트 해커에 대한 대우나 인식이 많이 떨어진다는 지적이 있습니다. 고등학생 시절 해킹 대회에서 2위를 차지해 천재 해커로 알려졌던 **이정훈**(1994~) 씨가 삼성그룹에 입사했으나 1년 만에 미국의 구글로 자리를 옮긴 사례가 있습니다.

해커의 공격은 어떤 것들이 있나요

해커가 웹 사이트나 기업의 정보 시스템을 공격하거나 침입해 정보를 유출하는 방법은 여러 가지가 있습니다. 어떤 방법들이 있으며 어떻게 주의해야 하는지 알아보겠습니다.

분산 서비스 거부 공격은 시스템을 악의적으로 공격해 해당 시스템의 리소스(서버 CPU, 네트워크 회선)를 부족하게 만들어 제 기능을 하지 못하게 하는 공격입니다. 예를 들어 자동 프로그램을 이용해 특정 웹 사이트에 무수히 많은 접속 시도를 동시에 해서 다른 사용자가 해당 웹 사이트에 접속하지 못하게 만드는 것입니다. 이 공격은 시스템 자체를 망가트리거나 정보를 탈취하지는 않으나 공격이 지속되는 동안 외부에서 접속할 수 없어 정상적인 서비스 제공이 불가능해집니다. 분산 서비스 거부 공격은 여러 대의 공격 서버에서 동시에 목표 사이트를 서비스 거부 공격을 하는 방법으로, 서비스 거부 공격은 공격하는 서버만 막으면 되지만 분산 서비스 거부 공격은 대응이 좀 더 어렵습니다.

소셜 엔지니어링 악성코드 공격은 해커들이 제일 많이 사용하는 공격 방법입니다. 이 공격으로 피해가 자주 발생하는 경우가 데이터 암호화 랜섬웨어입니다. **랜섬웨어**는 사용자도 모르는 사이 컴퓨터에서 악성 프로그램을 작동시켜 컴퓨터의 데이터를 모두 암호화해 사용할 수 없도록 한 뒤 암호를 해제해주는 조건으로 돈을 요구하는 공격입니다. 여기서 랜섬은 인질 몸값이라는 뜻입니다. 마치 사람을 납치한 뒤 풀어주는 조건으로 돈을 요구하는 범죄와 같습니다. 사용자가 자신도 모르는 사이에 트로이목마 프로그램(정상적인 프로그램을 가장한 악성 프로그램)을 실행한다면, 공격이 시작됩니다. 자신이 신뢰하고 빈번히 방문하는 웹 사이트를 통해 랜섬웨어에 감염되는 경우가 많습니다.

다른 경우로 해커가 정상적인 웹 사이트를 해킹해 악성코드를 설치합니다. 이렇게 훼손된 웹 사이트를 방문하면 사용자도 모르게 PC에 악성코드가 설치됩니다. 이렇게 악성코드가 일단 사용자의 컴퓨터에 침입을 성공하면 이후 시간을 두고 사용자 모르게 진짜 악성코드가 실행됩니다. 따라서 평소에 의심되는 사이트 방문이나 메일의 첨부 파일을 다운로드 하는 것을 조심해야 합니다. 랜섬웨어 공격에 대비해 중요한 데이터는 외장 하드에 백업하는 것도 좋은 대책입니다.

비밀번호 피싱 공격은 자주 사용되는 해커의 공격 방법으로 2위를 차지할 정도로 흔한 공격입니다. 정상적인 메일로 위장해 사용자에게 메일을 발송한 뒤, 메일의 내용에 사용자가 속아 비밀번호를 입력하면 비밀번호를 훔치는 방법입니다. 예를 들어 사용자의 신용카드 사용 내역서라고 메일을 보내고 사용자에게 첨부 파일을 보려면 카드 비밀번호를 입력하라고 한 뒤 입력한 카드 비밀번호를 탈취하는 방식입니다. 해커가 보낸 메일의 내용이 너무 그럴듯해 많은 사람이 속아 비밀번호를 탈취당합니다. 이를 방지하려면 메일 시스템에 악성메일을 거르는 시스템을 설치하고 사용자는 모든 메일을 읽는 것에 조심해야 합니다.

운영체제나 브라우저, 소프트웨어 등의 허점을 이용한 공격이 보다 높은 성공률을 가지려면 사용자의 컴퓨터에 설치된 운영체제나 브라우저 등 소프트웨어에 허점이 있어야 합니다. 보통 소프트웨어 기업은 허점을 발견하면 바로 업데이트 패치를 통해 보완하는 서비스를 사용자에게 제공합니다. 그러나 이를 제때 적용하지 않은 컴퓨터들은 공격의 대상이 됩니다. 이를 막으려면 소프트웨어 회사에서 배포하는 업데이트를 바로 적용하고 백신 프로그램도 최신 상태를 유지하는 게 좋습니다.

소셜미디어 공격은 소셜미디어에 정상적인 사용자로 가장해 친구로 연결하거나 재미있어 보이는 게임이나 프로그램 등으로 위장해 계정과 연결하도록 유도한 뒤 많은 개인 정보를 빼내는 공격입니다. 이런 공격을 통해 사용자의 다른 서비스의 비밀번호를 탈취하는 경우가 많습니다. 이를 막으려면 소셜미디어 사용자는 모르는 사람의 친구 요청 수락에 신중해야 하며 의심되는 게임이나 프로그램의 소셜미디어 연결 요청을 거부해야 합니다.

마지막으로 소위 APT 공격이라고 하는 **지능형 지속 위협 공격** Advanced Persistent Threat, APT이 있습니다. 개인보다는 주로 대기업이나 금융기관, 공공기관 등을 공격하는 방법이며 소셜 엔지니어링 트로이목마나 피싱 공격을 통해 교두보를 확보하는 것이 보통입니다.

APT 공격자에게 매우 인기가 좋은 방법은 스피어 피싱으로 알려진 피싱 공격으로 여러 직원의 이메일 주소로 발송하는 것입니다. 피싱 이메일에는 트로이목마가 첨부되어 있고 최소 1명의 직원이라도 속아 넘어가면 프로그램이 실행됩니다.

최초 실행 및 1차 컴퓨터 점유가 끝나면 수시간 내에 APT 공격자는 회사 전체를 초토화할 수 있습니다. 단순한 방식의 공격이지만 깨끗이 제거하는 데는 엄청난 고생이 따릅니다. 이러한 APT 공격은 공격자가 작정하고 공격을 하는 경우가 대부분이므로 막기가 대단히 어렵습니다. 따라서 중요한 정보를 보관하는 기업은 보안 시스템 투자와 임직원 교육에 많은 노력과 비용을 지불하는 데 망설이지 말아야 합니다.

무료 서비스는
어떻게 돈을 벌까

우리나라에 "공짜면 양잿물도 마신다"라는 속담이 있습니다. 사람들이 공짜를 좋아한다는 표현이지요. 맞습니다. 무료로 뭔가를 주거나 서비스를 해주겠다는데 마다할 사람이 어디 있겠습니까? 만약 카카오톡이 매월 돈을 내야 하는 서비스였다면 지금처럼 많이 사용했을까요? 돈을 내고 네이버 메일을 사용해야 한다면 어땠을까요? 구글 검색을 하는 데 매월 비용을 내야 한다면 또 어떻겠습니까? 지금 사용하는 스마트폰에 돈을 내고 구입한 앱이 몇 개나 있나요?

인터넷 검색, 뉴스 서비스, 사진 앱, 메신저 앱, 소셜 서비스 등 우리가 스마트폰에서 사용하는 대부분의 서비스와 앱은 무료입니다. 그리고 우리는 그게 당연하다고 생각합니다. 그렇다면 무료로 서비스와 앱을 제공하는 회사는 과연 어떻게 돈을 벌까요? 어떻게 수많은 직원의 월급을 주고, 거대 규모의 IT 인프라를 운영할 수 있을까요? 무료 서비스를 제공하면서 21세기 가장 높은 수익을 기록하며 성장성까지 높은 IT 분야 기업들의 비밀에 관해 한번 파헤쳐보겠습니다.

FAANG이 무엇인가요

FAANG이라고 들어보셨나요? 페이스북, 애플, 아마존, 넷플릭스, 구글 이렇게 5개의 글로벌 IT 공룡 기업을 가리키는 말입니다 (페이스북은 메타로 회사명을 바꾸었습니다). 그중에서 애플은 2021년 7월 기준으로 세계 최고의 가치를 가진 기업입니다. 애플의 가치는 자그마치 2조 3,000억 달러가 넘습니다. 우리 돈으로 환산하면 2,500조 원가량 되겠네요. 세계 GDP 국가 순위로 비교하면 8위에 해당합니다. 대한민국의 GDP보다도 큰 규모입니다. 구글은 1조 6,800억 달러로 5위입니다. 바로 아래인 6위가 1조 달러의 페이스북입니다. 그리고 넷플릭스는 2,390억 달러로 34위에 있습니다 일본의 도요타가 2,137억 달러로 46위에 있으니 FAANG의 위용을 짐작할 수 있습니다.

애플이 세계 최고의 기업이 된 것은 이해됩니다. 경쟁사에 비해 고가 제품인 애플의 아이폰이나 맥북은 물론 다양한 액세서리, 음원 서비스, 앱 스토어의 유료 앱 등 유료 상품과 서비스를 전 세계 고객에게 많이 팔고 있으니까요. 그리고 넷플릭스 역시 전 세계에 2억 명에 가까운 유료 사용자가 있으니 그럴 수 있습니다. 아마존은 전 세계 1위인 전자 상거래 기업이며 세계 시장 점유율 1위의 유료 클라우드 서비스 AWS를 갖고 있으니까요.

그런데 구글이나 페이스북에 사용료나 구매 비용을 지불하신 적이 있나요? 검색은 물론 구글 메일, 번역 등 구글이 제공하는 모든 서비스가 기본적으로 무료입니다. 페이스북 역시 사용하는 데 전혀 돈을 내지 않습니다. 그런데 어떻게 기업 가치가 높을 수 있으며 막대한 돈을 버는 것일까요? 이런 상황은 국내도 비슷합니다. 눈에 띄는 유료 서비스나 상품이 없는 카카오와 네이버가 2021년 7월 기준으로 주식 시장에서 기업 시가총액 순위 3위와 4위를 각각 차지하고 있으니까요. 우리나라 자동차 시장 점유율 1위인 현대자동차보다 훨씬 높은 가치를 인정받고 있는 셈입니다.

그 비밀은 바로 엄청난 **광고 수익**입니다. IT 전문가들은 구글의 메인 비즈니스는 광고업이고 페이스북은 미디어 기업이라고 말합니다. 그리고 이 두 기업의 주요 수익원은 모두 광고입니다. 서비스 사용자를 대상으로 광고를 하고 해당 광고주에게 대가를 받습니다. 그런데 구글 검색을 사용하면서 광고 메시지나 배너를 얼마나 보셨나요? 국내 포털의 경우 첫 화면부터 구석구석에 광고가 있는 걸 볼 수 있습니다. 그런데 구글 검색은 하얀 바탕에 검색창만 덩그러니 있는데 도대체 어디에 광고가 있을까요? 페이스북은 별도의 광고 배너는 없지만 페이스북 포스팅에 광고로 보이는 포스팅이 섞여 있습니다. 그런데 이런 광고만으로 그렇게 엄청난 돈을 벌 수 있을까요? 도대체 어떤 방식으로 광고를 하고 막대한 광고비를 거둘까요?

구글이 돈을 버는 법

구글이 돈을 버는 방법은 다양합니다. 구글 페이Google Pay, 구글 애드Google Ads, 구글 애드센스Google AdSense 그리고 구글 애널리틱스Google Analytics 등의 서비스를 통해 고객에게 수수료 또는 광고 이용료를 받습니다.

구글 페이는 인터넷 상거래 시 편리하게 결제할 수 있도록 해주는 대신 수수료를 챙깁니다. 국내 포털들이 페이 서비스 제공을 앞다투는 이유도 포털 무료 서비스만으로는 충분한 수익을 낼 수 없기 때문입니다.

하지만 구글의 핵심 수익원은 구글 애드와 구글 애드센스를 통한 광고 수익입니다. **구글 애드**는 기업에서 자신의 서비스나 상품과 관련된 키워드를 제공받고 광고비를 받으면, 구글 검색창에 해당 키워드를 검색 시 광고비를 지불한 기업의 웹 사이트를 검색 결과 상단에 보여주는 서비스입니다. 이때 검색 결과를 본 사용자가 광고주의 사이트를 클릭해서 이동할 때마다 광고주는 구글에 비용을 지불합니다.

구글 애드센스는 다른 방식입니다. 구글이 수많은 다른 웹 사이트 운영자와의 계약을 통해 수익을 거둡니다. 예를 들어 요리 전문가가 자신의 요리 레시피와 관련된 웹 사이트를 운영한다고 가정합시다. 요리 전문가가 만약 구글 애드센스 계약을 했다면 특정한 형태의 배너 링크를 구글에서 받을 수 있습니다. 이 링크를 자신이 운영하는 웹 사이트의 적당한 곳에 걸어둡니다. 그러면 구글이 요리 전문가 웹 사이트의 내용을 자동으로 분석해 해당 웹 사이트 방문자들이 관심 가질 만한 내용의 광고를 배너 링크에 보여줍니다. 예를 들어 조리 기구를 광고하는 내용을 보여준다고 가정하겠습니다. 요리 전문가의 웹 사이트 방문자가 조리 기구 광고 배너를 보고 클릭해서 조리 기구 광고주의 사이트로 넘어가면 광고료 수익을 받는데, 이를 구글과 요리 전문가가 나누어 가집니다. '누이 좋고 매부 좋은 것'입니다. 자신이 운영하는 웹 사이트가 인기가 있어서 구글 애드센스로 한 달에 수백만 원의 수익을 거두는 웹 사이트 운영자도 많이 있습니다.

구글의 지주회사인 알파벳은 2020년 한 해 동안 1,830억 달러의 매출을 올렸습니다. 그런데 매출액의 80%가 넘는 1,470억 달러가 구글의 광고 사업의 매출이었습니다. CNBC의 보도 내용에 따르면 구글은 2021년에 전 세계 디지털 광고 시장의 26.4% 정도를 점유했다고 합니다.

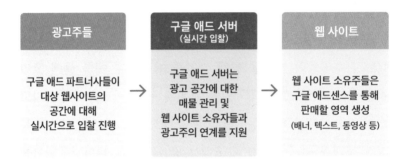

그림 6-4 구글 애드센스의 원리

광고주들	구글 애드 서버 (실시간 입찰)	웹 사이트
구글 애드 파트너사들이 대상 웹사이트의 공간에 대해 실시간으로 입찰 진행	구글 애드 서버는 광고 공간에 대한 매물 관리 및 웹 사이트 소유자들과 광고주의 연계를 지원	웹 사이트 소유주들은 구글 애드센스를 통해 판매할 영역 생성 (배너, 텍스트, 동영상 등)

이는 우리나라 네이버의 경우에도 유사합니다. 네이버는 전체 매출액의 80% 정도가 광고 사업 매출입니다. 주요 광고 분야는 검색과 영상입니다.

페이스북이 돈을 버는 법

페이스북은 소셜미디어 서비스로, 페이스북, 인스타그램, 왓츠앱 WhatsApp 메신저를 가졌으며 전 세계 30억 명 이상의 사용자를 보유한 세계 최대의 소셜네트워크 서비스입니다. 이러한 영향력을 바탕으로 페이스북 연간 수익의 98%가 사용자를 대상으로 한 광고 수익입니다.

페이스북의 담벼락에는 사용자의 친구들이 올린 내용과 사용자가 팔로우한 그룹의 게시물 이외에 상당히 많은 수의 기업 또는 스폰서 광고가 함께 보입니다. 페이스북은 사용자의 관심 분야, 친구 관계, 다양한 개인 정보를 수집할 수 있습니다. 따라서 개인의 특정한 관심사를 대상으로 한 타깃 광고를 하기에 최적의 서비스입니다. 그리고 최근 페이스북보다 많이 이용되는 인스타그램 역시 광고 서비스를 하기에 좋습니다.

페이스북의 광고 서비스는 6가지로 분류될 수 있습니다. 우선 **셀프 서비스 광고**입니다. 페이스북 사용자는 누구나 페이스북에 광고를 올릴 수 있습니다. 그러면 페이스북이 해당 광고의 적절한 대상을 선별해 타깃 광고를 노출합니다. 물론 비용을 내야 합니다. 페이스북은 전 세계의 사람이 이용하므로 대기업이나 다국적기업의 목적에 맞추어 사용자를 선별해 광고하기에 최적의 서비스입니다.

그리고 **페이스북 모바일 앱을 통한 광고**가 있습니다. 페이스북 사용자들이 점점 PC가 아닌 스마트폰에서 페이스북을 사용하면서 모바일 앱을 통한 광고가 전체 광고 수익의 83%를 차지한다고 합니다. **메신저 광고**도 있습니다. 왓츠앱을 인수하기 전에 페이스북은 자체적인 메신저를 통해 광고했습니다.

그 외에 **비디오 광고**가 있습니다. 페이스북은 원래 사진과 글을 중심으로 다루는 커뮤니티인데 최근에 비디오 라이브 서비스도 제공하고 있습니다. 이를 기반으로 비디오 광고도 하고 있습니다. 그러나 유튜브에 비하면 아직 보잘것없습니다. 마지막으로 페이스북은 사용자와 관련된 데이터를 기반으로 수익을 거둡니다.

구체적인 개인 정보를 외부에 판매하는 게 아니고 **통계적인 사용자 분석 자료를 기반**으로 사업을 하는 것입니다.

무료 서비스와 유료 서비스의 비교

무료 서비스는 사용자를 모으기 쉽습니다. 당연한 말입니다. 또한 일단 확보한 사용자들의 숫자가 감소하는 일도 드뭅니다. 자주 사용하지 않더라도 비용이 들지 않으니 웬만하면 탈퇴하지 않기 때문입니다. 그러나 서비스에 관한 불만이나 요구사항 등 즉각적인 피드백을 고객에게 받기 어렵습니다. 돈을 내고 사용하지 않기 때문에 불만이 있어도 참고 사용합니다.

반면 유료 서비스 사용자는 서비스의 만족도에 민감합니다. 자신이 비용을 지불한 만큼 서비스가 만족스럽지 못하다면 즉시 불만을 제기하고 언제든 탈퇴할 수 있습니다. 따라서 유료 서비스는 사용자 만족도에 민감할 수밖에 없으며 지속해서 사용자 확보 경쟁에서 뒤처지지 않기 위해 노력해야 합니다.

무료 서비스를 제공하는 기업은 사용자를 쉽게 확보해도 지속적이고 안정적인 서비스를 제공하려면 막대한 비용이 들기 때문에 결국 수익 모델을 만들어야 합니다. 그런데 사용자로부터 직접 비용을 받을 수 없으니 결국 사용자 수를 기반으로 한 수익 모델을 만들어야 합니다. 가장 대표적인 것이 구글이나 페이스북 사례에서 이야기한 광고를 통한 수익입니다.

하지만 광고 수익 모델은 치명적인 단점이 있습니다. 바로 사용자들의 불만이 생긴다는 것입니다. 페이스북을 사용하다 보면 가끔 지나친 광고 때문에 짜증 나는 경우가 있었을 것입니다. 사용자는 무료 서비스를 사용한다고 해서 무차별적으로 쏟아지는 광고를 당연하게 받아들이지 않습니다. 결국 막대한 비용을 들여 어렵게 확보한 사용자들이 떠나게 됩니다. 이는 사용자 수를 기반으로 광고 수익 모델을 선택했던 많은 인터넷 기업이 성공하지 못한 이유입니다.

카카오톡도 2010년에 처음으로 서비스를 시작했습니다. 당시까지 휴대폰이나 스마트폰에서 유료 문자 메시지만 사용하던 사람들에게 무료 문자 메시지를 주고받을 수 있는 카카오톡은 많은 인기를 얻었습니다. 하지만 이후 수년간 적자를 감수해야 했습니다. 적절한 수익 모델을 확보하지 못했기 때문입니다. 만약 카카오톡이 그 고비를 넘기지 못했더라면 지금의 카카오는 없었을 것입니다.

인터넷 비즈니스 초창기였던 1990년 후반과 2000년대 초반에 우후죽순으로 생겨났던 무료 서비스 기반의 인터넷 기업들이 대부분 사라져버린 반면, 당시 유료 서비스를 기반으로 성장한 인터넷 기업인 이베이, 세일즈포스닷컴, 익스피디아 등은 여전히 건재합니다. 물론 모든 유료 서비스 모델이 성공한 것은 아니지만 일단 본궤도에 오르면 쉽게 무너지지 않았습니다. 무료 서비스 모델은 비록 본궤도에 올라도 지속적으로 운영하기가 쉽지 않았습니다. 현재 위키피디아에서 전 세계 인터넷 기업 중 연 매출이 10억 달러 이상인 30개 기업을 보면 대부분 유료 서비스 모델을 기반으로 하고 있습니다.

유료 서비스는 수익 모델이 확실합니다. 그리고 사업 초기에 사용자를 적절히 확보할 수만 있다면 안정적인 서비스 제공이 가능합니다. 사용자들도 사신들이 원하는 것을 정확히 알기 때문에 유료 서비스에 가입했다면 웬만해서는 다른 서비스를 사용하지 않습니다.

무료 서비스는 해당 부문 시장에서 1위를 하지 못하면 살아남기 어렵습니다. 사용자 입장에서 어차피 무료 서비스인데 굳이 1위가 아닌 서비스를 사용할 이유가 없기 때문입니다. 유튜브가 무료인데 굳이 다른 동영상 서비스를 사용하지 않고, 페이스북이나 인스타그램을 두고 잘 알려지지 않은 서비스를 사용하지 않습니다. 그래서 카카오톡을 두고 삼성전자에서 만든 챗온ChatON을 사용할 필요가 없었던 것입니다.

그러나 유료 서비스는 다릅니다. 비록 1위 서비스가 아니더라도 가격 대비 경쟁력이 있다면 사용합니다. 이것이 유료 서비스와 무료 서비스의 가장 큰 차이점입니다. 유료 서비스는 시장에서 1위가 아니어도 살아남을 수 있습니다. 예를 들어 멜론이나 벅스 같은 음원 서비스가 무료였다고 가정해보겠습니다. 그러면 여러분은 어떤 음원 서비스를 사용하겠습니까? 가장 음원도 많고 사용자도 많은 서비스를 사용할 것입니다. 그런데 음원 서비스는 유료입니다. 그러니 가격도 비교하고 프로모션 등에 따라 음원 서비스를 선택합니다. 그래서 음원 서비스는 다양한 회사가 시장에서 경쟁하고 있습니다.

무료 서비스의 문제점

누구나 무료 서비스를 좋아합니다. 무료 앱이면 부담 없이 설치하고 무료 서비스라면 쉽게 가입합니다. 그런데 무료 서비스의 문제점은 없을까요? 당연히 있습니다.

　무료 서비스의 가장 큰 문제점은 **고객의 정보를 외부에 파는 것**입니다. 이런 의심 때문에 페이스북이 곤경에 처한 적도 있으며 여전히 페이스북을 의심의 눈초리로 바라보는 사람도 있습니다. 물론 서비스 기업의 입장에서는 무료로 서비스를 받는 만큼 고객도 이를 인정해주어야 한다고 생각하겠지만 대부분의 무료 사용자들은 이런 입장을 이해하지 못합니다. "만일 당신이 무료 서비스를 사용하고 있다면, 당신 자신이 상품입니다(If a Service is Free, You Are the Product)"라는 말이 있습니다. 하지만 무료 서비스를 사용하는 대가로 자신의 정보를 외부에 무분별하게 제공하는 것을 이해하는 사용자는 많지 않습니다. 또한 서비스 기업의 입장에서도 사용자 정보 제공을 통한 수익에 골몰하다 보면 결국 넘지 말아야 할 선을 넘기도 합니다. 이는 곧 비즈니스의 치명적인 문제를 야기할 수 있습니다.

다른 문제로는 **자신의 소중한 데이터가 사라질 수 있는 점입**니다. 무료 인터넷 서비스나 스마트폰 앱을 오랜 기간 사용했는데 어느 순간 서비스를 제공하는 기업이 더 이상 서비스를 제공할 수 없다면, 자신이 서비스를 이용하며 축적한 글, 사진, 활동 내역 등의 정보를 놀려받지 못할 수 있습니다. 무료 시비스라는 한계로 이에 관한 책임 추궁이 어렵기 때문입니다. 따라서 이런 서비스를 오랜 기간 사용한다면 데이터 관리에 주의해야 합니다.

무료 서비스를 할까 유료 서비스를 할까

만약 인터넷 서비스 사업을 운영하거나 스마트폰 앱을 개발할 때 '무료 서비스 모델을 택해야 하는가? 아니면 유료 서비스 모델로 가야 하는가?'에 관해 고민할 것입니다. 만약 유료 스마트폰 앱을 개발하기로 했다면 iOS 전용 앱 개발이 더 좋을 것입니다. 왜냐하면 아이폰 사용자의 유료 앱 구매 비율이 훨씬 높기 때문이지요. 그런데 사용자 수만 보면 안드로이드 사용자가 훨씬 더 많습니다. 그래서 광고 기반의 무료 앱을 개발하겠다면 안드로이드를 우선 고려하는 것이 좋습니다. (2021년 7월 기준으로 사용자 수 비율이 안드로이드는 72.1%, iOS는 26.96%입니다.)

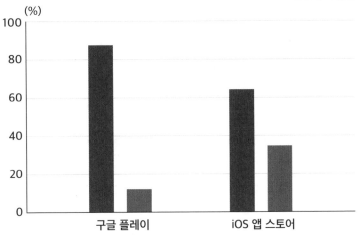

그림 6-5 안드로이드와 아이폰의 무료, 유료 앱 사용 비율

출처: researchgate.net

    때로는 하이브리드^{Hybrid} 사업 모델을 선택할 수도 있습니다. 처음에는 무료 서비스로 제공하고 추가 기능을 원하거나 무료 사용 기간이 지난 사용자에게 유료 서비스 전환을 권유하는 것입니다. 사용자들이 무조건 무료 서비스만 좋아하지는 않으니 유료 사용자를 확보할 수 있습니다.

    하지만 성공적으로 무료 사용자를 유료 사용자로 전환기는 쉬운 일이 아닙니다. 자칫하면 그동안 고생하며 확보한 사용자들을 모두 다른 서비스에 빼앗길 수 있습니다. 한때 국내 최고의 커뮤니티 사이트였던 '프리챌'이 유료 전환 실패로 문을 닫은 사례가 그런 경우입니다. 프리챌 사용자들은 유료 전환이 되자 무료 서비

그림 6-6 무료에서 유료로 전환하는 주요 이유(상)와 전환 비율 분포(하)

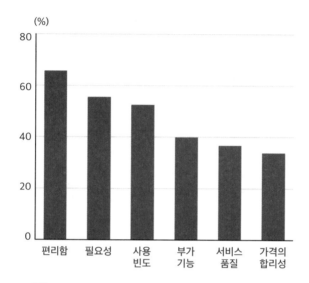

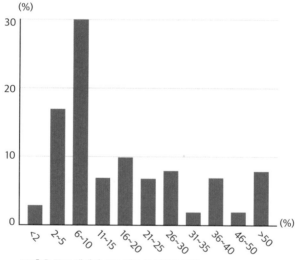

* X축은 무료 앱에서 유료 앱으로 전환한 비율

출처: databox.com

스를 제공하는 다음과 네이버로 모두 넘어갔습니다. 만약 소규모로 새 사업을 시작한다면 완전 무료 서비스 모델이나 완전 유료 서비스 모델이 아닌 하이브리드 모델을 선택해 고객 확대와 수익 상승 사이에서 균형을 맞추는 게 좋습니다.

전 세계 상위 인터넷 기업 순위

2021년 9월 기준으로 위키피디아에 정리된 세계 상위 30대 인터넷 기업(2020년 매출액 기준)들 중 주요 기업에 관해 한번 알아보겠습니다.

- **1위 아마존:** 전자 상거래(2021년 매출액: 4,698억 달러, 시가총액: 1조 6,910억 달러, 설립 연도: 1994년, 직원 수: 160만 명) 기업인 아마존은 1990년대 닷컴 붐 시절에 출범해 지금까지 성공가도를 달리는 대표적인 기업입니다. 초기 온라인 도서 판매로 시작해 지금은 세계적인 종합 온라인 유통 기업이 되었습니다. 또한 자사의 시스템 운영 노하우를 기반으로 시작한 클라우드 서비스인 아마존 웹 서비스는 전 세계 클라우드 서비스 시장 1위를 차지했습니다. 창업자인 제프 베이조스는 긍정적인 평가와 부정적인 평가를 동시에

받는다는 점으로 유명하기도 합니다.

- **2위 알파벳:** 검색엔진 및 인터넷 서비스(2021년 매출액: 2,576억 달러, 시가총액: 1조 9,170억 달러, 설립 연도: 1998년, 직원 수: 15만 5,000명)를 제공하는 알파벳은 검색엔진으로 유명한 구글의 지주회사입니다. 구글의 서비스를 전체적으로 운영하고 있습니다. 구글은 검색엔진 이외에 구글 클라우드 플랫폼^{Google Cloud Platform, GCP} 서비스와 유튜브 그리고 모바일 운영체제인 안드로이드로 잘 알려져 있습니다. 또한 인공지능을 비롯해 IT 분야에서 손대지 않은 영역이 거의 없습니다.

- **4위 메타(구 페이스북):** 소셜네트워크 서비스(2021년 매출액: 1,179억 달러, 시가총액: 9,356억 달러, 설립 연도: 2004년, 직원 수: 7만 1,970명)를 제공합니다. 2021년 10월에 다가올 메타버스 시대를 선도하고자 사명까지 '메타^{Meta}'로 변경한 페이스북은 대표적인 소셜네트워크 서비스 기업입니다. 그리고 인스타그램 서비스도 있습니다. 이와 관련해 가상 현실 헤드셋 벤처 기업이었던 오큘러스를 2014년에 20억 달러에 인수해 화제가 되기도 했습니다. 현재 오큘러스의 퀘스트2 VR 헤드셋은 90% 이상의 시장 점유율을 보이며 페이스북의 미래를 이끌고 있습니다.

- **6위 텐센트^{Tencent}:** 인터넷 서비스(2021년 매출액: 878억 달러, 시가총액: 5,628억 달러, 설립 연도: 1998년, 직원 수: 11만 2,771명)를 제공하는 텐센트는 중국을 대표하는 IT 기업입니다. 대표적인 인터넷 서비스로 우리나라의 카카오톡 같은 '위챗^{WeChat}' 서비스를 제공합

니다. 또한 인터넷 포털과 게임 분야에도 진출해 다양한 게임 사업을 진행하고 있습니다. 그리고 유망한 벤처에 많은 투자를 하고 있으며 국내 기업인 카카오, 크래프톤, 넷마블 등 여러 곳에 투자하기도 했습니다.

- **10위 페이팔:** 전자 금융 결제 서비스(2021년 매출액: 253억 달러, 시가총액: 2,202억 달러, 설립 연도: 1998년, 직원 수: 3만 900명)를 제공하는 페이팔은 1990년대 말 닷컴 붐 시절에 온라인 전자 상거래를 위한 결제 서비스를 사업 모델로 시작해 지금까지 서비스를 제공하고 있습니다. 테슬라로 유명한 일론 머스크가 창업 멤버 중 한 사람이며, 그가 이때 번 돈으로 지금의 테슬라와 스페이스X 등 거대 기업을 설립하게 해준 기업이기도 합니다.

- **19위 라쿠텐**Rakuten**:** 온라인 전자 상거래(2021년 매출액: 153억 달러, 시가총액: 151억 달러, 설립 연도: 1997년, 직원 수: 2만 3,841명) 업체인 라쿠텐은 일본을 대표하는 인터넷 쇼핑몰입니다. 국내에서도 일본 상품을 구매할 때 자주 찾는 곳입니다. 전자 상거래 사업 이외에도 금융, 포털, 메시징 등 다양한 사업에 진출하고 있습니다.

- **30위 네이버:** 포털 및 인터넷 서비스(2019년 매출액: 57억 달러, 시가총액: 512억 달러, 설립 연도: 1999년, 직원 수: 1만 5,000명)를 제공하는 한국의 대표 인터넷 기업입니다. 최근에는 인공지능 및 로봇 등 다양한 미래 산업으로의 진출을 꾀하고 있습니다. 한국을 대표해 세계 시장에서 더욱 영향력 있는 기업으로 성장했으면 하는 바람입니다.

구글 사이트
검색의 원리

1990년대 후반, 미국의 스탠퍼드대학교 박사과정에 재학중이던 **래리 페이지**Larry Page(1973~)와 **세르게이 브린**Sergey Brin(1973~)이 검색엔진에 관한 연구를 시작했습니다. 그리고 이들은 후에 자신들의 연구를 바탕으로 검색엔진 서비스 회사를 창업했습니다. 바로 **구글**Google입니다. 당시 두 학생의 목표는 사용자의 검색 요구에 가장 적합한 결과를 효율적으로 찾는 검색엔진의 개발이었습니다.

지금 구글은 매우 다양한 분야의 서비스와 기술 개발로 사업 범위가 확대되었지만, 구글의 핵심 서비스는 여전히 검색입니다. 그리고 2015년에 구글은 사업 구조를 재편해 핵심 지주회사인 알파벳을 설립했습니다. 그럼 구글이라는 이름은 어떻게 정한 걸까요? 창업자인 페이지와 브린은 자신들이 만든 검색엔진이 인터넷 세계의 어마어마한 양의 데이터를 다룰 것이라 생각했습니다. 그래서 아주 큰 수를 나타내는 **구골**Googol(1 다음에 0이 100개 따라붙는 수)을 변형해 만들었다고 합니다. 구골이라는 용어는 1920년 미국의 수학자 **에드워드 캐스너**Edward Kasner(1784~1955)의 9살짜리 조카 밀턴 시로타Milton Sirotta가 지었다고 하며 캐스너는 이 개념을 저서 『수학과 상상Mathematics and the Imagination』에 수록했습니다.

구글 검색 사이트는 세계에서 가장 많은 방문자 수를 기록하게 되었고 그 영향력은 갈수록 커지고 있습니다. 따라서 웹 사이트를 운영하는 사람이라면 누구나 자신의 사이트가 구글 검색 결과 리스트의 상단에 노출되기를 원합니다. 상단에 노출되면 자신의 사이트에 방문하는 사람의 수가 늘어나기 때문이지요. 그렇다면 구글은 어떤 원리로 상위에 보이는 사이트를 정할까요?

구글 검색의 특징

구글 검색엔진은 강력한 시스템입니다. 그러나 인터넷은 매우 거대한 영역이어서 우리가 인터넷에서 뭔가를 찾기가 어려울 수 있습니다. 그래서 구글 검색엔진은 지금도 검색의 정확도를 높이기 위해 노력하고 있습니다. 예를 들어 구글에 검색어를 입력할 때 오타가 있는 경우에 구글은 원래 검색하려던 단어를 추측해 결과를 보여줍니다. 이 과정에 인공지능과 머신러닝이 사용됩니다.

구글은 좀 더 정확한 검색 결과를 만들도록 다양한 검색 기능을 제공합니다. 이미지, 동영상, 뉴스, 책 등 검색 분야를 한정해서 검색할 수도 있습니다. 예를 들어 '인공지능'을 뉴스 분야에서 검색하면 뉴스 기사에 해당하는 결과만 나옵니다. 기본 페이지에서 검색한 결과와는 완전히 다른 결과를 보게 됩니다.

대부분의 검색엔신과 마찬가지로 구글도 검색 결과를 만들기 위한 특별한 알고리즘(어떤 일을 하기 위한 체계적인 처리 절차)을 사용합니다. 구글의 이 특별한 알고리즘 작동 원리에 관한 내용은 회사 기밀로 관리되고 있습니다. 왜냐하면 구글 검색은 여전히 구글

그림 6-7 스파이더 또는 크롤러의 웹 사이트 활동

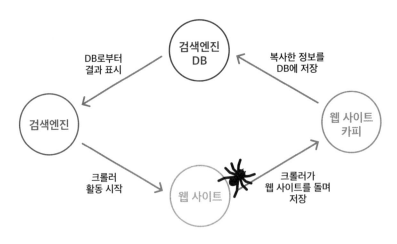

출처: SK브로드밴드 블로그

의 핵심 역량이고 경쟁 기업과 차별화될 수 있는 기술이기 때문입니다. 구글은 자동으로 웹 사이트 정보를 수집하는 프로그램인 **스파이더**Spiders 또는 **크롤러**Crawlers를 사용합니다. 대부분의 검색엔진에서 사용하는 프로그램입니다. 먼저 크롤러가 인터넷에 있는 웹 사이트를 24시간 쉬지 않고 돌아다니면서 웹 사이트의 내용을 검색엔진으로 복사합니다. 그리고 복사된 웹 페이지의 내용을 분석해 검색을 위한 단어들을 추출하고 이를 데이터베이스에 체계적으로 저장합니다. 이를 **검색 키워드 인덱스**라고 합니다.

구글은 이런 방식으로 수집해서 만든 방대한 규모의 검색 키워드 인덱스를 가지고 있습니다. 이를 기반으로 검색어를 입력하면 검색 결과에 해당하는 수천 개의 웹 페이지 중 어떤 곳을 상위에 보여주어야 할지 결정하는 알고리즘이 페이지랭크PageRank입니다.

구글의 페이지랭크 알고리즘

웹 페이지가 검색 결과의 상단에 보이려면 다음 조건에 영향을 받습니다. 우선 '사용자가 입력한 검색어가 해당 페이지에 얼마나 많이 포함되었고 어느 위치에 있는가'입니다. 예를 들어 '자율주행 자동차'를 검색어로 입력했을 때 '자율주행 자동차'라는 단어가 10번 포함된 페이지는 1번 포함된 페이지보다 상위에 위치합니다. 그리고 똑같이 10번 사용되어도 페이지의 제목에 '자율주행 자동차'가 포함된 페이지가 상위에 위치합니다.

두 번째는 해당 '웹 페이지가 얼마나 오래되었는가'입니다. 하루에 엄청나게 많은 웹 페이지가 새로 만들어지지만, 대부분의 웹 페이지는 긴 시간 운영되지 않기 때문에 오랫동안 운영된 웹 페이지들이 검색 결과 상위에 위치합니다.

마지막으로 해당 검색어를 포함하는 웹 페이지에 관해 '다른 웹 사이트가 얼마나 참조했는가'입니다. 구글은 해당 웹 페이지를 다른 웹 사이트에서 많이 참조했다면 해당 웹 페이지의 내용을

그림 6-8 구글의 페이지랭크 알고리즘에 따른 점수 계산

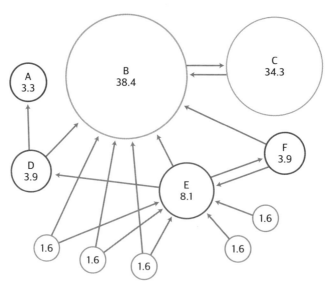

출처: davideliu.com

더욱 신뢰할 수 있다고 판단합니다.

위의 세 가지 조건 중 마지막 조건이 구글 검색에서 가장 중요한 요소입니다. 구글은 해당 웹 페이지를 다른 웹 사이트가 참조한다는 것을 마치 소셜 서비스의 추천 수와 유사하게 인식합니다. 따라서 많은 추천을 받은 페이지를 해당 검색 결과의 상위에 위치시킵니다. 즉 자신이 운영하는 웹 사이트가 다른 웹 사이트의 관심을 받는다면 구글의 페이지랭크 알고리즘을 통해 검색 결과 상단에 노출될 수 있습니다. 그림 6-8처럼 보면 A, B, C, D, E, F 웹 페이지가 서로 참조하고 있다면 B 페이지가 가장 높은 추천을 받고 검색 결과의 상단에 위치하는 방식입니다.

페이지랭크 알고리즘에 대항하는 검색엔진 최적화

웹 사이트를 운영하는 사람이라면 검색엔진의 검색 결과에서 자신의 웹 사이트가 상단에 위치하기를 원합니다. 그래서 자신의 웹 사이트를 어떻게 검색 결과의 상단에 위치시킬지 다양한 고민을 하는데 이를 **검색엔진 최적화**Search engine optimization라고 합니다. 즉 웹 사이트 운영자는 검색엔진의 페이지랭크 알고리즘에 최적화된 웹 사이트를 만드는 것을 목표로 합니다.

구글에서 제안하는 검색엔진 최적화의 몇 가지 팁을 알아보지요. 우선 웹 페이지의 타이틀을 명확하고 독창적으로 설정합니다.

이를 통해 검색 결과에서 다른 수많은 웹 페이지와 섞이지 않고 눈에 띄게 할 수 있습니다. 특히 검색어로 사용되길 원하는 단어를 타이틀 태그Title tag(웹 페이지를 작성하는 HTML 형식의 문서에서 제목임을 알려주는 태그)에 포함시키면 좋습니다. 제목에 있는 검색어는 검색창 상단에 노출될 확률이 더 높으니까요.

그리고 페이지가 다루는 내용을 요약해 디스크립션Description 메타 태그의 내용으로 작성합니다. 디스크립션 메타 태그는 구글 검색에서 결과 페이지 내용 미리보기Snippet로 사용되므로 중요합니다.

웹 사이트의 문서에 카테고리와 파일 이름을 효과적으로 만들면 사이트를 잘 정리할 수 있을 뿐 아니라 검색엔진이 문서를 크롤링Crawling하기도 쉬워집니다. 또한 해당 콘텐츠를 링크하려는 사용자를 위해 URL을 더 알아보기 쉽게 만들 수 있습니다. 알아볼 수 있는 단어가 없는 URL은 방문을 꺼리게 만들 수 있습니다.

페이지 간의 이동 구조는 방문자가 원하는 내용을 빠르게 찾을 수 있도록 돕기 때문에 중요합니다. 또한 검색엔진이 웹 마스터가 중요하다고 생각하는 콘텐츠를 이해하는 데도 도움이 됩니다. 물론 구글의 검색 결과는 페이지 수준으로 제공되지만, 이는 각각의 페이지가 전체 사이트 내에서 어떤 역할을 담당하는지를 파악하는 데 도움이 됩니다.

그 외에도 다양한 요소를 통해 검색 알고리즘에 최적화된 웹 사이트를 만들 수 있습니다. 하지만 가장 중요한 요소는 웹 사이트에서 다루고 있는 내용이 정말 도움 되고 좋은 내용이어야 한다는 점입니다. 그래야 다른 여러 웹 사이트에서 참조 링크를 가지게 되며 페이지랭크 값이 높아집니다.

구글에서 고급 검색을 이용해봅시다

구글의 **고급 검색**Advanced Search을 이용하면 검색하고자 하는 검색어와 더 관련 있는 검색 결과를 얻을 수 있습니다. 고급 검색을 사용

그림 6-9 구글 고급 검색 옵션창

Google

고급 검색

다음이 포함된 페이지 찾기.   검색 상자에서 이 작업을 수행합니다.

이 모든 단어: 중요한 단어를 입력하십시오: 삼색 얼룩 테리어

이 정확한 단어 또는 구문: 정확한 단어를 따옴표로 묶으십시오: "rat terrier"

다음 단어 중 하나: 원하는 모든 단어 사이에 OR 입력: 미니어처 OR 표준

이 단어를 뺀 어느 것도: 원하지 않는 단어 바로 앞에 빼기 기호를 넣으십시오: -rodent, -"Jack Russell"

다음 범위의 숫자: 에   숫자 사이에 마침표 두 개를 넣고 측정 단위를 추가합니다: 10..35kg, £300..£500, 2010..2011

그런 다음 결과 범위를 좁히십시오.

언어: 모든 언어   선택한 언어로 페이지를 찾습니다.

부위: 모든 지역   특정 지역에 게시된 페이지를 찾습니다.

마지막 업데이트: 언제든지   지정한 시간 내에 업데이트된 페이지를 찾습니다.

사이트 또는 도메인: 한 사이트(예: wikipedia.org)를 검색 하거나 .edu, .org 또는 .gov 같은 도메인으로 결과를 제한합니다.

나타나는 용어: 페이지의 아무 곳이나   전체 페이지, 페이지 제목 또는 웹 주소에서 용어를 검색하거나 찾고 있는 페이지에 대한 링크를 검색합니다.

세이프서치: 음란물을 숨기기   에게 세이프 서치를 성적으로 노골적인 콘텐츠를 필터링 할 것인지 여부

파일 형식: 모든 형식   원하는 형식의 페이지를 찾습니다.

출처: 구글

하려면 'www.google.com/advanced_search' URL을 이용해 그림 6-9 같은 화면에서 검색할 수도 있고 일반적인 구글 화면의 검색창에서 바로 할 수도 있습니다. 다음과 같은 방법으로 일반 구글 검색창에서 바로 고급 검색이 가능합니다.

- 검색 결과에 반드시 포함되어야 하는 단어가 있다면 **검색어를 큰 따옴표로 묶습니다.** 예를 들어 드론과 로봇이 모두 포함된 검색 결과를 원하면 검색창에 '"드론 로봇"'이라고 입력합니다.
- 검색 결과에서 제외했으면 하는 검색어가 있다면 **검색어 앞에 마이너스(-)를 표시합니다.** 예를 들어 스마트폰을 검색하면서 화웨이를 제외하고 싶다면 '스마프폰-화웨이'라고 입력합니다.
- 검색어와 비슷한 단어를 모두 포함해 검색하고자 하면 **검색어 앞에 물결무늬(~)를 표시합니다.** 예를 들어 파스타와 유사한 의미의 검색어를 모두 포함해 검색하고자 하면 '~파스타'라고 입력합니다.
- 특정 단어에 관한 정의를 알고자 하면 **검색어 앞에 'define:'을 붙여줍니다.** 예를 들어 빅데이터의 정의를 알고 싶으면 'define: 빅데이터'라고 입력합니다.
- 검색하고자 하는 단어가 반드시 제목에 들어간 웹 페이지를 검색하고 싶으면 **검색어 앞에 'intitle:'을 붙여줍니다.** 예를 들어 제목에 인공지능이 들어간 페이지를 검색하고 싶으면 'intitle: 인공지능'으로 입력합니다.
- **검색어를 정확하게 알 수 없는 경우 별표(*)를 입력**하면 구글이

적당한 내용을 추측해 검색해줍니다. 예를 들어 아인슈타인의 유명한 이론이 뭔가 있는데 생각이 나지 않는 경우 '아인슈타인*이론'이라고 검색합니다.

- 검색할 때 특정 숫자의 범위를 지정하고 싶은 경우 **마침표 2개(..)를 숫자 범위 내에 넣으면 범위를 지정할 수 있습니다.** 예를 들어 2015년부터 2017년까지의 한국 시리즈 우승팀을 알고 싶으면 '2015년..2017년 한국 시리즈 우승팀'이라고 입력합니다.

- 검색하고자 하는 여러 단어 중 아무거나 있는 페이지를 검색하고자 하면 **검색어 사이에 'or'를 넣어주면 됩니다.** 예를 들어 '머신러닝 or 딥 러닝'이라고 입력하면 두 단어 중 한 단어라도 포함된 검색 결과가 표시됩니다.

- 특정 사이트 내에서만 검색하길 원하면 **'site: URL 주소'와 함께 검색할 단어**를 넣습니다. 그러면 지정한 URL을 가진 사이트 내에서만 해당 검색어를 가진 내용을 검색합니다. 예를 들어 'site: gmarket.co.kr 아이폰'이라고 입력하면 G마켓 사이트 내에서만 아이폰을 검색합니다.

- 특정한 종류의 파일을 검색하고자 할 때는 **'filetype: 확장자명'을 검색어 다음에 입력**합니다. 예를 들어 메타버스에 대한 PDF 파일을 검색하려면 '메타버스 filetype: pdf'라고 입력합니다.

이 외에도 여러 가지 방법이 있습니다. 하지만 구글은 위와 같은 방법을 쓰지 않아도 알아서 잘 찾아줍니다.

이토록 신기한 IT는 처음입니다

초판 1쇄 발행 2022년 10월 3일
초판 2쇄 발행 2022년 11월 15일

지은이 정철환
브랜드 경이로움
출판 총괄 안대현
책임편집 이제호
편집 김효주, 최승헌, 정은솔, 이동현
마케팅 김윤성
표지·본문디자인 김예은
본문일러스트 이지혜

발행인 김의현
발행처 사이다경제
출판등록 제2021-000224호(2021년 7월 8일)
주소 서울특별시 강남구 테헤란로 33길 13-3, 2층(역삼동)
홈페이지 cidermics.com
이메일 gyeongiloumbooks@gmail.com(출간 문의)
전화 02-2088-1804 **팩스** 02-2088-5813
종이 다올페이퍼 **인쇄** 천일문화사
ISBN 979-11-92445-07-6 (03190)